獅子座、A型、丙午。

鈴木保奈美

中央公論新社

目次

I

II

Ⅲ

装丁　鈴木久美
装画　山本祐布子

獅子座、A型、丙午。

I

奇跡のギャップ萌え

その日、私はサンローランのタキシードスーツを着ていた。スタイリストさんが借りてきてくれたサンプルだから、パンツの裾が二十五センチは余っているのを無理やり内側に折り込み、十二センチのヒールを履く。衣装に合わせてくしゃくしゃと乱した髪が目にかかる。クールでアンニュイないい女の出来上がりである。

映画の舞台挨拶で、集まった出演者や監督や関係者の顔がみな華やいでいる。その中に三十歳くらいのイケメン俳優さんがいらした。私は一緒のシーンがなかったので、この日が初対面。緊張するなあ。が、そんなことはおくびにも出しませぬ。アンニュイな大人ですからね。すると彼のほうから果敢に話しかけてくれるのだ。きっと屈託のない人なのだろう。

「マニッシュな格好、似合いますね。音楽とか、好きな感じですか？　ロックとか！」。

はあ、音楽は聴きますけれど、え、ロックですか？　U2、じゃあ古いかしら。どうやら彼は私のイデタチから、ワイルドで男前な孤高のアーティスト、みたいな人物像を想像しているのではあるまいか。パティ・スミスとか、マリアンヌ・フェイスフルのような。あ、知らないかな、マリアンヌ。困ったぞ、どうお返事したら気が利いているんだろう？　もごもごしているうちに「みなさん、出番ですよ」と声がかかって救われた。

初めて会う相手の目に自分がどう映るのか。いまだに予測できず、時に驚かされる。意外にロック、意外に気さく、意外に体育会系、意外に小さい。そのどれもが自分の一部であり、同時にどれも違っている気がする。こんな風に感じるのは私だけだろうか。きっと、屈託のない彼もただ感じが良いだけではなくて、別のオレを持っているのだろう。

休憩時間になり、控室で白湯を飲んでひと息ついていると、寂しそうに見えたのだろうか、彼がまたにこやかにやってきた。

「うわっマイボトルかわいいっすね！　ギャップモエっす！」

はて、ギャップモエ？　モエって？　あ、もしかして「ギャップ萌え」と言っているのかしら？　なんのことかわからずふと手元を見て、こっそり赤面した。白湯を入れていたのは、三年前の誕生日に娘が買ってくれたピンクのハート柄の水筒だったのだ。黒いパンツスーツで脚を組み、袖をまくって片肘ついて、紫煙をくゆらせてでもいそうなその手にピンクの水筒。この光景に失笑せず、ギャップ萌えと持ち上げてくれた若者の優しさよ。あれだな、雑誌の恋愛特集で、「仕事のできる大人の女性がふとした時に見せるスキがいいんだよねー」なんていうの、男子たちが。いえね、あたくし普段お仕事用にはシンプルなシルバーのボトルを携帯しているのですよ。ところがこの日は出がけにシルバーが見当たらなくて、とっさにピンクのおうち用をひっつかんできちゃったわけ。そしてそのこと自体をすっかり忘れて白湯を飲んでいた。まさに、意図しても演出できない奇跡のギャップ萌えと言えよう。

ああしかし、ここでなんとか洒落た切り返しができぬものか。「他のギャップも探してみる?」なんてキモチワルイよね。ひとりニヤけるばかりだなんてダサすぎるぞ、大人の女。と、お仕事そっちのけで気分は乱高下するのであった。若者よ、君のひと言でお姉さんのホルモン値は確実に刺激されたよ、ありがとうね。次の奇跡はいつ起こるかな。

花を買う日

花屋の店先にアネモネの鮮やかな色をみつけると、ふらふらと引き寄せられてしまう。部屋にはいつも緑を欠かしません、なあんて言えたらいいけどそんなわけではない。

仕事先で花束をいただくことがあると、帰宅していくつかのグラスに分けて活けて、家中を彩ってみる。玄関、リビング、ベッドサイドにも。ああ、お花のある生活っていいわね、これからこの状態をキープしましょう、と思うのだけれど、続けることができない。なぜかと考えるに、私は植物を枯らすのだ。一人暮らしを始めた二十歳の頃から、パキラもサボテンも枯らした。いつでも薬味が使えるといいな、と植えたシソやバジルも枯らしてしまった。置いておくだけで水遣りがいらないはずのエアプランツもミイラのようになってしまった。もうこれ以上命を無駄にしてはいけない。後悔と反省の念とともに、緑のある日常への憧れは封印した、のだ。

だけど、アネモネだけは特別。だって村上龍の『コインロッカー・ベイビーズ』に出てくる美少女の名前だから。

それまで『ナルニア』や『ゲド戦記』やシャーロック・ホームズを愛読していた私は高校生の時にこの小説を手にしてびっくりした。なんなのだこの世界は。本を閉じることができなくなった。通学のバスの中でも電車の中でも、授業中も膝の上に文庫本を広げて読み続け、上下巻を終えた二日目の夜に、ああ、アネモネになりたい、とため息をついた。

アネモネはきれいで強くて旅行と我慢と退屈が嫌いで寂しくてゴージャスな女の子だ。この小説が映画になる時は私がアネモネをやらなくちゃ、と、女優になる予定もなかった高校生は思った。当時から今までに何度か映像化の話はあったようだけれど、結局実現していない。確かに、美術も音楽も、現実のものにするにはものすごく難しいのだ。そうして私は、アネモネになれる年齢をとっくに過ぎてしまった。

それでも春になると、アネモネを飾り続けている。娘たちはきっと、ママはこの可愛いお花が好きなんだ、と思っているだろう。『コインロッカー・ベイビーズ』のあの汗ばんだ生々しい世界、海のアネモネ、と英語で呼ぶイソギンチャクにも通じる肉食のグロテスクなイメージを、ダイニングテーブルの上に私が浮かべているとも知らないで。このひらひらした花と尖った葉は、制服という鎧を着けて世界に飛び出そうとしていた頃の不恰好な自分を思い出させる。懐かしくはないけれど、忘れてはいけないような気もする。

今年、私は切り花ではなく、アネモネの苗を買った。

なぜだろう？　自分に新しい負荷をかけてみたくなったのだろうか。根っこに刺さった札には、咲き終わった花をこまめに切り取って土の表面が乾いたら水を遣ります、すると次々と開花します、と書いてある。今度こそ枯らさずに根気よく面倒をみることができるだろうか。紫と赤の金魚みたいな花が開いた時、もうアネモネを演じることができない私はうれしいのだろうか。アネモネを咲かせられるほどにまともな大人になった自分を、せつなく思うのだろうか？

振り付けシナプス

娘の友達が試験勉強をすると言ってやってきて、二人で部屋にこもっている。覗いてみたらなんのことはない、四時間のうち二時間三十五分は踊っているのである。韓国のアイドルグループの動画をパソコンで見ながらダンス大会が繰り広げられている。男女、いくつもグループがあってそれぞれ人数も多くて、フォーメーションもとっても複雑。どうやらレッスンスタジオのようなところでアイドルたちの振り付けをそっくり映した動画があって、それを繰り返し見ているらしい。

ふーん、今のひとたちはラクチンよねえ。ママの時代なんて、ユーチューブどころかテレビの録画機能も無かったのよ。だからピンク・レディーの新曲が出ると知ると、新聞のテレビ欄で歌番組をチェックして、予定時刻に待機する。テレビの前にカセットデッキを置いて録音しつつ、必死で画面を見つめて振り付けを覚えるわけよ。まあ、三回見たら踊れてたわね。で、学校帰りに畑のあぜ道を歩きながら練習する。同じ学年にピンク・レディーは三組いたけど、ママと仲良しのやっこちゃんコンビが一番うまかったんじゃない？　ねえ、聞いてる？

そう、三回見たらミーちゃんが右足をポンと蹴るクセまでモノにしていた。二十代の頃、仕事のためにジャズダンスやバレエを習いに行った時も、振り付けを覚えるのは得意だった、はずだった。ところが。

四十代になって時代劇の所作を習うため日本舞踊の稽古に通い始めた。重い打ち掛けを引きずって立ったり座ったりお辞儀をしたり、これがなかなか難しくてコツがいるものなのだ。先生は、とにかく一曲覚えましょう、踊りの中で足の運びや手の動きを学べますから、とおっしゃって、振り付けが始まった。先生が短いパートを踊ってくださり、すぐに一緒に繰り返す。はい右足、左足、回ってチョン。うわーちょっと待って、できない！　得意なはずなのに！　頭の中が真っ白だ。なんというか、眼で見た動きの画像を脳に伝え、今度は手足に伝えて同じように動かす、という神経回路が、ぷっちり切れちゃっている感じなのだ。ああ、こうやって色々な機能が衰えていくものなのか。

しかしここで諦めてはいけない。まだ間に合うはずだ。切れた神経はつなげれば良いのだ。私はそれからこつこつとお稽古に通い、回路の修復に努めた。そして三年ほどたったある日、もう本当にはっきりと、神経細胞がピピピッと伸び合ってシナプスがつながった瞬間を自覚したのだ。やっと取り戻したこの機能、二度と失わないぞ。

うちのリビングの、窓の桟のところにスマホを置くとちょうど眼の高さになる。お誂え向きに自分の姿がガラスに映り込み、ダンスレッスンにはぴったりだ。ユーチューブで「恋ダンス」を分解して解説してくれる動画を見つけて自主練したら、半日で覚えちゃった。今って便利よねえ、と娘に話したらバカ受けした。彼女の友達からは、今度共演しましょう、とお誘いを受けている。ふふん、まだＪＫには負けないわよ。

地図を読む女

映画の試写を見た帰り、飯田橋で迷子になってしまった。どちらを向いても同じようなビルが並んで、スーツ姿の人々があらゆる方向へ歩いていて、さて駅はどっちやら。友人とグーグルマップを呼び出してはみたものの、二人とも使い方がわからないのだ。

よし、こんな時はね、とあたりを見回す私。ビルの影がこっちに伸びている、今四時だから影が東で、てことは北はむこうだ。このまま歩けばお濠端に出るはずじゃない？　と振り返ったら、友人が豆鉄砲を食らったハトになっていた。

「影？　北？　一体なんの話？」

「道に迷ったら太陽の位置で方角を探すでしょ」

「なんなのそれ。あのさ、私、今までの人生で東西南北を考えたこと一度もないよ」

なんと。私は今までの人生、常に東西南北を意識してきたぞ。東京と神奈川で生まれ育った身には、海は必ず南側。太平洋に向かうと左から陽が昇り、右に沈むもの。金沢で海水浴をした時は、前後左右が逆でクラクラしたなあ。仕事で知らない土地へ行っても、高速道路を走る車の中で、ああ、影がこっちってことは西に向かっているのね、なんて考えている。こんなことを考えているのは私だけだったのかしらん。

旅行に出かける前にはガイドブックを読み込む。美味しいお店や美術館の情報も必要だけど、肝心なのは位置関係だ。街のサイズ、川の配置、空港から市街地へはどのルートを使うのか。シャルル・ド・ゴール空港からパリ市内へは、昔は北のクリニャンクールを通ったのに、私が子育てでご無沙汰している間に西のポルト・マイヨー経由になっていた。新しい高速道路ができたらしい。なるほど便利だぞ。この発見の喜び、伝わるかなあ。

ポルトガルではこんなこともあった。そこは『地球の歩き方』にも載っていないような小さな街だった。数時間バスに揺られてやってきた我々ロケ隊は、クタクタになってホテルにチェックインした。みなさーん、荷物を置いて、十五分後に夕食に出発しますよ。さて、レストランを探して歩き出すと、私はみんなの道案内ができるのだ。ホテルを出て右へしばらく行くと川があってね、橋を渡った先に広場と教会があるのよ。で、その奥が駅ね。まさかと思うけど、ここ、来たことあるの？　と驚く面々。うふふ、種明かしをしましょう。ホテルの部屋にはレターセットや宿泊約款やルームサービスのメニューが挟んであるバインダーが備え付けてあって、たいてい簡単な周辺の地図も入っているものなのですよ。スーツケースを開けるのも後回しで地図見てる人、いないよ、と呆れられたけれど、これを確認しないとどうにも落ち着かないのだな。

自分が今いる位置を知識として確認しないと不安になる、これって人生に対する頭でっかちさ、の象徴なのだろうか？　いや、地図を持っていればどんなに知らない土地でも一人で探検していけるという「冒険家」の証だと、自負しているのだけれど……。

そんな話をしているうちに、無事に飯田橋の駅に着いたのだった。ほおら、言ったとおりでしょう？　迷った時は影を見るのよ。ドヤ顔の私に友人は冷たく言い放った。

「あのさ、その特技、天気が悪いと使えないよね？」

はい、おっしゃるとおりでございます。

我の名は。

　映画のPRのため、北京へ行った。通訳さんにさっそく、自己紹介を現地の言葉で教えてもらう（北京語ですよね？　と聞いたら、いいえ、標準語です、と訂正された）。私の名前は、ウォシー、リンムウポウナイメイ、という。鈴のところがリンで、保がポウ、美がメイね。うん、なんとなくわかるな。インタビューに来た記者さんがリンムウ、と言っているのが聞き取れる。通訳さんが「鈴木さんは、北京は初めてですか？」などと訳してくれる。

　そのうちにちょっと不思議な感じがしてきた。私は普段、姓で呼ばれることは滅多にないのだ。なんたって人数が多いトップ3の姓ですし。職業柄もあるかもしれない。中国の方たちは敬意を表して姓で呼びかけてくれたということだろうか。時々、鈴木先生、なんておっしゃる記者さんもいたほどだし。ああ恥ずかし。でもさ、例えばここにミランダ・カーが来たらばどうなるのだ？　カー先生、と呼ばれるだろうか？　ジャスティンはビーバーさんになるのか？　とっても気になる。

　ママ友の間でも名前で呼び合うのが定着していて、時々相手の姓を忘れてしまうほどだ。〇〇ちゃんのママ、△△さんの奥さん、という呼び方はしたこともされたこともない。母親同士がそうなので、それぞれの子供達も、よそのママを名前で呼ぶことにまったく抵抗がない。友達の高校生の息子さんに「ほなみちゃん、CM見たよ」とか言われると、いやあ、おばちゃんニヤけてしまうよ。

　国際結婚をしている人も多くて、彼女達は決して、うちの主人、とか、ダンナが、という呼び方をしない。「うちのジョンが食べ過ぎてお腹こわしちゃって」なんて言うものだから、それは、ハズバンドなの、それともおたくのワンコ？　と混乱を招くこともしばしばである。差別化のため、こちらから呼びかけるときはジョンさん、スティーブさん、と、人間であることを明確にするようにしている。

　面白いのは、友人達が日本人である我が夫にもこのシステムを適用していることだ。初対面から当たり前のようにタカアキさん、と呼びかけられたので、当初彼はなんとも微妙な表情をしていた。そりゃあそうだ、かれこれ三十年以上、彼は全国的に「タカさん」で通ってきたのだ。タカアキと呼ぶのはうんと近いか古い仲間か、先輩か、亡くなったお義母さんくらいではなかろうか。最近になってようやく、ママ友からのこの呼ばれ方に慣れてきたように見受けられる。ああ、それは彼女達が「古い仲間」になりつつあるということかもしれないな。

こんなお付き合いの中で一人だけ、どうしても、それは頑なにみんなのことを○○ちゃんママ、と呼ぶ人がいた。自分のことも△△のママよ、と名乗っていた。彼女とは、お茶をしてもランチをしても、子供のことしか話せない。「ママ」という鎧をつけているようだった。私は彼女のペースには乗るまいぞ、と会うたびに名前で呼びかけ続けた。メールでも。そうして数年、あきらめたのか慣れたのか、私を名前で呼んでくれるようになったのだ。ばんざーい。今度は彼女自身の話、好きな本や続けている趣味や、学生時代の武勇伝なんか聞いてみたいと思っている。

Tシャツ引退勧告

ちょっとあなた、素足でいるのやめなさい、身体が冷えるから。いやだママ、パンツの裾から生足首が見えてなくちゃあいけないのよ。靴下なんてだっさーい。という会話を母と交わしたのは三年前だったか、五年前？　生意気言ってほんとにすみませんでした。今や六月でも靴下を手放せない私です。

足首、冷えるよね。足の指はもっと冷える。サンダルなんてえ代物はもはや、一年のうち二十日間くらいしか履いていられないし、バレエシューズの時も家に着くや否やあったかソックスはいてます。素足で飛行機や新幹線に乗るなんて、本当に無理。五本指の重ねばきソックス、あれはいいねえ。夢のようにあったかい。けど、洗濯して干す時には大変場所をとるのが困りものだ。我が家は五人家族なので、それぞれが部活をやったりテニスの練習をしたり、その上私が靴下四枚重ねばきなんてことをするともう、うちは靴下屋か？　という事態になってしまう。ので、重ねばきは週に一度に控えておりますが。

　そうして、五本指だとか、スニーカー用ちびソックスだとか、こまごましたものが増えていく。モデルさんかギャルが使うものだと思っていたレッグウォーマーも三組もある。ああ、パンク寸前の私の靴下引き出しよ。いいものだけをシンプルに、クローゼットはすっきりとしておきたいのに、完全に逆行している。

　最近増えつつあるものがもうひとつ。なんというのだろう、下着の、キャミソール？　あれです。足首だけじゃなくて、お腹も出していられない。いや、ヘソは出しませんけどね、ぺろっとブラウスを着て裾をしまわない時に、お腹がスースーするのがある日急に耐えられなくなった。Tシャツにデニムの時も、中にもう一枚着てぜひともその裾をインしたい。なんて、あまりにダサいぞ。これはつまり、私にとってTシャツデニムの引退勧告ということではないか。うちの女子高生たちのTシャツ姿を見ていると、ああ、あれは若人のものなのだな、私はもうあっち側じゃないんだな、としみじみ思う。

　それでは私がいるこっち側とは。ほんの数年前まで、街ですれ違う夏場のマダムの服装を不思議に思っていた。薄手のニットとかつるっとしたブラウスとか、そんなんじゃぶじゃぶ洗濯できないじゃん？　毎回クリーニングに出すわけにもいかないし、どうしているのだろう？　今なら答えがわかります。そう、お腹が冷えるから下着を着込んでいるのよね。だから着る度にクリーニングの必要は無いわけだ。ああ、私もついにこっち側の住人となりましたよ。こうなったらうんと綺麗なキャミソールを探そうと思う。いい香りの専用洗剤で手洗いをして。そうやってふくらんでいく引き出しも、案外悪くないんじゃあなかろうか？

悲しきそらまめくん

野菜売り場のソラマメの前で、しばし佇む。発泡スチロールのトレーにのった剝きソラマメ、三百九十九円。隣に重ねられたカゴに、つやつやと濃い緑色のサヤごとのソラマメ、三百九十九円。どちらを買って帰るべきか。そりゃあ剝いてあるほうがラクチンですよ。でもサヤに入っているほうが、新鮮なのかな？　それにサヤから出してパック詰めする手間を省いているわけだから、当然おトクなのではないかしら？　今日は帰ってから時間に余裕があるし、よし、サヤ付きのほうにしよう。そう決心してカゴを二つカートに入れた。レジを通る時はちょっと誇らしい気分。なんだかナチュラルでエコな人になったみたいじゃない？

ダイニングテーブルに新聞紙を広げてサヤ剝き作業を始めたところへ娘たちが帰ってきた。見て見て、そらまめくんのベッドだよん。うわあ、懐かしいね。『そらまめくんのベッド』は彼女たちが赤ちゃんの頃お気に入りだった絵本だ。ソラマメやグリーンピースや、それぞれがそれぞれに合ったベッドを持っている、と教えてくれる素晴らしい絵本だ。豆は豆の状態で木になっているのではないということも教えてくれる。近頃じゃあ魚は切り身で海を泳いでいると信じている子供もいるというから、ここ、大事です。

初夏の夕方というと、小学生の頃、台所の床に新聞紙を広げて枝豆を枝から毟るお手伝いをしたのを思い出す。ラジオから流れるナイター中継、網戸の外から聞こえる虫の声、母が料理している音や香り、昼の名残のほこりっぽい自分の手足。天井の白熱灯に集まる羽虫の飛び方まで、昨日のことのように目の前に描くことができるのに、もう何十年も前のことだなんて信じられない。自分はちゃんと年をとっているのか、それとも日焼けした六年生のままなのか。思い出す映像ばかりが鮮明すぎて、それは実際にはなかった幻なのではないかとさえ思ってしまう。

お手伝いしてくれる気配はないものの、そらまめくんのベッドをのぞきにやってきた娘たち。彼女たちの記憶にも、豆を剝く初夏の母の姿が……ありゃりゃ？　豆が、あんまり、入ってないんですけど。四部屋あるベッドに、一個半くらいしか。それも堅そうで小さくて黄色くなってる。このサヤも、こっちのサヤも、ふえーん全滅だあ。

二カゴ分のサヤをつみあげて、取り出した豆は片手におさまるほどであった。こ、これは悲しすぎる。トレーの剝きソラマメ三百九十九円のほうが、絶対たくさん入ってた。つまり私は手間と時間をかけて新聞紙に山盛りの生ごみとなる空サヤを集めて、予定の半分以下の豆しか手に入れられなかったというわけだ。こんなことなら、最初からラクチンなほうを選べばよかった。消費者がせっかく手間を惜しまずスローライフを実践しようとしているのにこの仕打ち、いかがなものか。

一握りの塩茹でソラマメでビールを飲んでみても、募る悔しさよ。「とりあえずサヤ付きと剝いたのと両方買って、数えてみたらどう?」と誰かが言った。よおし、旬が終わってしまう前にリベンジせねば。

リップクリームサバイバル

　とにかく唇が、乾くのだ。冬でも夏でも容赦なしのお構いなし。食べても飲んでもしゃべっても、何もしなくてもどんどん乾いて薄皮がパリパリになって、何かの拍子にわあっ！　と大口を開けたとたんにピリッと裂けて、出血。ひとたびそんな事態になったらもう気になって気になって、他のことが何も手につかなくなるので、なんとしても回避しなければならぬ。というわけで、リップクリームがないと生きていけない。朝起きて塗って、朝食の後塗って、歯磨きしてまた塗って、仕事のお迎えの車に乗り込んだらまず塗って、スタジオに着いたらメイクさんが塗ってくれる前に自分で塗って、メイクが終わったらまた塗っている。時々財布を忘れて外出することはあるけど、リップクリームを忘れた日にゃあ、もう気分どん底です。

　今までかなりの種類のリップクリームを試してきたと思う。学生時代にソニープラザでみつけたサベックスの青いポットを皮切りに、ヴァセリンやメンソレータム、ベリーやマンゴーの香り付き、ラグジュアリーな海外コスメブランドのものからエステサロンの秘蔵オリジナル、最近はナチュラルコスメもたくさん出ていて選択肢には困らない。でも、一生これを使っていくわ！　というほどの決定打にも出会っていない。究極のリップクリームに出会ってみたいなあ。で、結局今使っているのは去年の誕生日に娘がくれた、うんとシンプルなアロマっぽいもの。普通です。

友人の家族と居酒屋さんでわいわい食べている最中にも、私の唇は乾く。いつものようにリップクリームを塗っていたら友人の旦那さんにみつかった。「おもむろに何をするかと思えば、リップクリーム!?」と非難めいた口調だったのでこちらも開き直る。「そうなの、私はこれがないと生きていけないの。無人島に何か一つだけ持っていけるとしたら、断然リップクリームね」「うわはは、リップクリームじゃあ生きていけないじゃん、これだから女子はねえ」と、けちょんけちょんである。

互いの高校生の息子や娘たちも巻き込んで、無人島に何を持っていくべきか会議が始まった。スマホはWi-Fiがないだろうから却下、燃料満載の船か、滞在用のテントが良いか？　好きな本を、という哲学派もいる中、マッチョなお父さんたちは「やっぱりサバイバルナイフだろ、一本あれば燃料も雨風をしのぐ場所も食料も手に入れられるんだぜ」という結論に至ってご満悦である。ああもう、これだから男子はねえ。私がナイフ一本持って、無人島で何ができるというのだ。丸太小屋は建てられないし、猛獣とも戦えない。百歩譲って小枝を集めて焚き火ができて、海で捕まえた魚を焼いたとして。唇が切れていたら塩がしみて痛くて食べられないじゃあないの。しょせん生きながらえないであろうと覚悟はできている。だったら潤った唇でストレスなく最期の時を迎えたいのだ。

先日、娘の付き添いで行った、とあるK-POPアイドルのコンサート。巨大なアリーナを縦横無尽に走り回り、激しく歌い踊るメンバーの一人が、曲の合間にデニムのポケットからリップクリームを取り出してささっと塗ったのを私は見逃さなかった。彼に聞いてみたいものだ、無人島にそのリップクリーム、持っていくよね？

つねるひと

小さい子供が不満や怒りや、抗議の気持ちを表す時、「叩く」という行為は誰に教えられなくてもできるものだそうだ。手や腕を持ち上げて、相手に対して重力に逆らわず振り下ろすという動きは、動物として基本的に備わった機能の一つといえるのだろう。猫パンチもそうだし、ワニが尻尾で獲物に一撃加えるのも同じ動き。それに対して「つねる」ことができるのは、教えられた子供だけなのだそうだ。指先を器用に使って相手の皮膚をつまんで、さらにひねりを加えるという複雑な動きは、それを見たことがあるか、もしくは「された」ことがある子供にしか再現できない。つまり、あなたの子供が幼稚園で誰かをつねったとしたら、その子は誰かにつねられたことがある、ということなのよ、おそらくは乱暴な同級生か、兄弟か、もしかしたら母親のあなたにね。だから、気をつけなさい。

十年以上前にママ友から聞いた、こんな背筋の冷たくなるような話を思い出したのは、ワイドショーで流れる女性議員の秘書に対する暴言、と言われるものがあまりに強烈だったからだ。そ、そんなふうな言い方、オリジナルで思いつくか？　ある意味独創性に富んだ、機知溢れる女性かもしれないぞ。いや、感心している場合ではなく。ひょっとして、彼女、つねられて育ってきたのではあるまいか、と、本当にふと思ったのだ。東大を出てハーバードを出て官僚になって、という華々しい経歴、それはきっとまだまだ厳然たる男社会であっただろう。その荒波を、「テメエ、コノヤロー、バカヤロー、女のくせに……」とさんざんつねられながら必死に泳いできたのではないだろうか。そのうちにつねられているという意識も薄くなり、虐げられているとも感じなくなり。ああ、思い通りにいかない時は、意思を疎通させるにはつねればいいのか、と、つねるという行為が彼女の中で、コミュニケーションツールのひとつとして当たり前のものになっていたとしたら。

いえね、私はその議員さんのことをよく知らないし、勉強不足で彼女の立場が国会に、国政にどんな影響を与えるかもわからない。どっちの味方にもならない。暴言を浴びた人は傷ついたでしょうし、でも浴びせたほうは傷つける案件だとは思わなかったかもしれない。単純に、女の人としてあの言葉遣いはね、と思ってみれば、あらそれだって、性差別になるんじゃない？　女はバカヤローって言っちゃいけない？　女性議員は女性らしく振舞うべきだなんて、時代錯誤でございましょう。

ただ、気の毒だな、と思うのだ。本当はつねっちゃいけないんだと気付けなかった彼女が。そのコミュニケーションの取り方は、一般市民からは拒絶されるのだと、周りの誰かが教えてくれる機会のなかったことが。敵ばかりではないでしょう。愛し愛される家族がいるのでしょうに。願わくばもう誰も、つねることも、世間からつねられることもありませんように。暴力の連鎖は絶たれねばならないのだ。

渋谷で遊ぶ（大人編）

ハタチの頃、初めて渋谷でひとり暮らしを始めた。駅から公園通りを抜けて、東急ハンズも越えて、高級住宅街の手前のクリーニング屋さんのそば。とことこ、キョロキョロ、毎日歩いた。仕事で遅くなった夜は真っ暗な中でそこだけピンク色に光るミスタードーナツが心強かったものだ。（今ならきっと、深夜だってそこいらじゅう明るいのだろうけど）

三年目に文化村ができた。フランス映画ばっかりやってるル・シネマと、カフェドゥ マゴ！　パリジェンヌに憧れるオリーブ少女（いや、そろそろ少女って歳でもなかったけどね）にとっては夢のような場所であった。シャルロット・ゲンズブール観たなあ。『美しき諍い女』も『トリコロール』も、『髪結いの亭主』もここで観た。難しくてイマイチわからなかったりするんですけどね、まあ、香りよ香り。そうしてド

ゥ　マゴでカフェクレームなんかいただいて、あたしったらなんでフランスに生まれなかったのかしら、と嘆くのよ。
それから何度か引越したが、再び渋谷に住むことはなかった。お買い物も、渋谷より青山よね～、あの人ごみがね～、なんてマダムのような口ぶりになっていき、映画といえば子供とディズニーかジブリを観に行くという十数年。渋谷のこと、すっかり忘れていたのだけれど。

『アデル、ブルーは熱い色』をどうしても観たいと思いまして。カンヌ映画祭でそれほど話題になるってどんな作品なんだろう、でも解説を読むと、どうも家でDVDで観られるタイプの映画ではなさそうだし。おおっル・シネマでやってるではないか、さすが文化村。というわけで、渋谷通いが復活したのである。マダム、スクランブル交差点の喧騒は歩きませんけどね。ハンドルを握る車中から、ますますめまぐるしい街になったなあ、とキョロキョロしております。

少し早めに着いてチケットを買って、隣の東急百貨店で時間をつぶそうとふらふらしていたら、ものすごいものを見つけてしまった。ワンフロアがまるまる、本屋さんなのだ。なにより品揃えがすごい。文庫に新書に哲学書に古代史に、おとなの塗り絵もたくさんあるし、料理本はワインからお弁当から懐石からマクロビまでぬかりなく、聞いたこともないリトルプレスもずらり。驚愕、怒濤、滂沱のクレイジーさだ。ああ、ここに、時間無制限で放置されたい。というか、ここに住みたい。

後日、参考書が欲しいという娘を連れて行った時もあっというまに二時間も経ってしまい、断腸の思いで厳選してお会計したら、三人で二万円超えであった。本だけで。ずっしり重い紙袋を抱えてドゥ マゴにたどり着いて、買ったばかりの本を広げながらタルトタタンを口に運べば、ああ、至福。フランスには生まれなかったのだけれどもね。

エレクトリカル・ワールド

家の火災報知機が、壊れた。いや正確には壊れていなくて、マンションのお隣さんの報知機に不具合があり、それが我が家のものと壁のなかで繋がっていて、不審な電気信号が送られているので、うちのも調べてみる必要があるという。業者さんがドヤドヤと五人もやってきて、お隣さんと接する長女の部屋を調べ始めた（あなた、今日電器屋さん来るから、部屋片付けておいて。ブラとかそこいら辺に出してちゃダメよ、と今朝念を押した部屋）。と思ったら、やはり全ての部屋の報知機の配線が繋がっておりますので全てチェックしなければなりません、とのことで、家中、寝室から納戸から、マルサのごとく蹂躙された。いや、調べてくださった、ご苦労様です。三時間後、無事に火災警報のテストを終えて、ドヤドヤとお帰りになった。はあ、ひと騒動。

どうもうちは、機械が壊れる。先月は冷蔵庫のお知らせサインの点滅が消えなくなって電器屋さんに来てもらった。原因は冷蔵庫のモーターの熱を逃がす基盤のところに埃が溜まっていたとかで、こまめにお掃除してくださいね、と言って電器屋さんは帰って行った。心外だわ、ちゃんと掃除機かけてますわよ、普通に手の届く範囲でね。でも百キロとかする冷蔵庫を動かしてそんな後ろ側まで毎回きれいにしているひと、そうそういるかしらん？

その前は乾燥機の調子が悪くなり、一日中回していてもタオルが乾かない。フィルターも排水口も手入れしたのにどうして、とプロに見てもらったら、ああ、このフィルターの、もう一つ内側を掃除しなくちゃいけないんですよ、と言われた。でもその内側って、ネジではめ込まれてるんだよ！　この乾燥機の購入者みんな、プラスドライバーを手にフィルターの内側を掃除しているかしら、そんなはずはない。

去年は炊飯器の内釜のコーティングがはがれたようになって、重い炊飯器を持って電器屋さんへ行き、内釜だけ探して交換してもらった。案外高かった。「五穀米とか頻繁に炊くと、加工が傷むんじゃないか？」と夫は言うけど、だって雑穀米や玄米炊き機能付いてるんだよ、この炊飯器。私、このコにそんな過酷な労働を強いているわけじゃあないのよ。普通に正しく使っているつもりのモノたちが、どうしてこうもあちこちガタがくるのか。そうして電器屋さんに来てもらうたび、「いやあ、これを直すくらいなら新しいの買ったほうが早いですねえ」と言われるのではとビクビクしている。大事に、長く使いたいのよ。バージョンアップとか、リニューアルとかしないで欲しいのよ。

節電生活を送っている稲垣えみ子さんならこんなストレスは無いんだろうなあ。羨ましく思いつつ、いやいや五人家族のマンション暮らし、洗濯物を干す庭は無いし、まとめ買いせねば食糧はすぐ底をつく。機械に頼る生活から逃れられないのだ。そうしてパソコンに向かって愚痴と言い訳を綴り、添付ファイルで婦人公論編集部に送るのである。送信！

母になる、進化中

ベランダでなにやらゴソゴソやっていた末の娘が、真っ赤に泣きはらした目をして部屋に入ってきた。お気に入りの、ナイキのスニーカーがぐちゃぐちゃになってしまった、というのだ。

ことの起こりは花火大会だ。友達数人と出かけた娘は突然のゲリラ豪雨に見舞われ、会場近くの友達の家に避難した。そのお宅ではいきなり駆け込んできたびしょびしょの中学生たちを温かく迎え入れてくれて、お菓子や果物まで出してくれた上に、Tシャツから短パンからビーサンまで一式貸し出してくれた。そして帰り際、濡れた服は置いていっていいわよ、洗っておいてあげるから、とまで言ってくれて、娘はさっぱりして帰宅したのであった。さて、夏休みが終わり、預けたお洋服が洗濯されて戻ってきた。さらに。雷雨騒ぎのさなかにあまりにもビチャビチャで、とりあえずビニール袋に入れて丸めて何気なくお友達宅の玄関の隅にでも置かれていたのであろうスニーカーも、そのままの保存状態で戻ってきたのである。そりゃあ、どれだけ悲惨な状態になっているか見なくても想像がつく。ていうか見たくない。娘は自分で袋を開けてびっくりして、洗剤と雑巾を持ってベランダで修復を試みたようだ（外に出たところに若干の成長の証が読み取れる）。しかしシミやカビが取れようはずもなく、落胆と怒りでなかばパニックになっている。

さあ、ちゃんとやるわよ、母。声を荒らげないように気をつけて。まず落ち着いて座りましょうか。そう、あのスニーカー気に入っていたのに残念だね（悲しみを肯定）。欲しくて欲しくてママと渋谷まで買いに行ったよね（せっかく行ったのにー、とか責めちゃあいけない）。お友達もお友達のママもちっとも悪くない。お洋服貸してくれて洗濯までしてくれて（感謝を強調）。でもあなたも悪くない。こうなるって、予測できなかっただけだよね（あくまでも不測の事態による過失）。ママはあなたを責めない。あなたも誰をも責められない。残念だけど、勉強になったよね。うんと悲しんで、うんと悔しがりなさい。こんなに辛い思いをしたら、もう二度と同じ過ちを犯すことはないでしょう。それが反省するっていうことです。泣きなさい。そしてあきらめなさい（まあこのくらいにしておくか）。あっでも、仕方がないからまたすぐ新しいの買ってもらえばいいや、っていうのは違うからね（ここんとこ念を押しておかないと）。

可哀想な娘は自分の部屋でひとしきり声をあげて泣いた挙句、疲れてぐっすり眠り込んでいた。くくく、なんだか泣き寝入りした赤ちゃんみたいだね。

今回、けっこうちゃんとできたんじゃない、母？　終始冷静に、怒るんじゃなく叱るでもなく、諭して導く、的な。いつもの私なら理屈でしつこく責めてしまい、すると責められたほうはふてくされ、何よその態度はー、と、もはやそもそも何で怒っていたのかわからなくなっていくのだ。いやあ、母、成長したよ。

ここまで十八年かかった。でもまだまだ、道半ばでございます。

京都弁どすえ

東京生まれの東京育ちなのだ。あ、小学校四年から十年間ほどは神奈川湘南で過ごして、また東京に戻ってきている。両親も東京生まれで、生まれた区から出たことがなかった。これでもう一代遡れたら、三代続いた江戸っ子でい、てことになるのだが、残念、祖父母は宮城や埼玉や新潟から昭和の初めに上京してきたらしい。ともかく、家の中で話される言語は東京弁であった。お正月に祖父の家へ行くと、仙台から祖父を慕ってやってきたおじちゃんたちが大勢いてわいわいと故郷の話をしていたが、彼らの東北弁はおそらくかなりマイルドだったはず。だから小学生の時初めて行った仙台で、遠い親戚のおばちゃんたちに話しかけられた時はびっくりした。ロシア語か？というくらい、まったくわからなかった。

衝撃の体験はそれ一度きりで、あとは親戚も友達も関東の人間ばかりで「方言」に縁の無い人生を過ごしてきた。接点が無さすぎるゆえに、方言への憧れはふくらむ。広島弁とか博多弁とか、可愛いんだよね。それにやっぱり京都弁。『舞妓はレディ』という映画を観たら、無性に京都弁を喋りたくてたまらなくなった。頭の中が京都弁変換モードになって、なんでも変換して喋ってみたくなる。そんな時、ちょうど友人と京都へ一泊旅行することになった。いやあもう、喋りたい喋りたい。京都駅から乗ったタクシーの運転手さんにさっそく、「京都弁素敵ですよねえ」と振ってみた。と、運転手さん、「お客さんみなさんそういわはるけど、下手な京都弁喋られるの、あれ腹たつんですわあ」。撃沈。そうして私の京都弁スイッチは封印されたのであった。

が、捨てる神あれば拾う神（ん？　ちょっと違う？）。京都弁で話す女性の役をいただいたのだ。これで堂々と喋れる！　いやしかし、下手な京都弁を電波に乗せると日本中の皆様が「腹たつ」のではないか。たいへんなことになった。

方言指導の先生が読んでくださった台詞の音声データが送られてきて、それをひたすら聞いて、声に出してみる。何度も繰り返しているうちに、言葉遣いに表される人格のようなものが見えてきた。京都弁は、やんわり、遠回しに、でも言いたいことはずばりとゆずらない。なんとなく、ね？　だよね？　というすりあわせをしない。自分と相手の立場をはっきりさせる。熱くならないけどあっさりでもない。そうまさに、京都の街ですれ違った、私が「京都っぽい」と思う女のひとの感じ。すっぴんだけれど無防備ではなく、切りたてのサラサラのショートカットで、生成りの麻かなんか着ていて、汗なんてかきそうにないのに無駄な贅肉がついてなくて、いつもちょっぴり忙しそうで。

練習しているうちにスイッチが復活し、近頃では新聞を読んでても無意識に変換しようとしている。「トランプさんがまたいけずいわはってるらしいわ、ほんまにやめとくれやす」なあんて具合で、時間がかかって仕方がないのだ。ああ、しんど。

優雅に年をとるために

とびっきり可愛いモデルさん（28）がテレビ番組でパリへ行き、憧れのケリーバッグを見て悩んでいた。「三十歳になったら手に入れようと思っているんです。このバッグにふさわしい大人になろうと」。うんうん、わたしも同じこと思っていたよ。そしてまさに三十歳の頃、訪れたパリで、いや、玉川髙島屋のエルメスだったかな？　いやいや違う、やっぱりパリのエルメスだ。ひええ、こんな大事件の記憶が曖昧になっているなんて、老化もはなはだしいぞ。とほほ。とにかく。バブルのちょっと後で、みんながケリーやバーキンに憧れていて、一緒にいたスタイリストさんに「このサイズの黒、お店に置いてあることなかなかないよ、注文したら半年待ちだよ」と背中を押されて、清水の舞台から飛び降りたのであった。

で、バッグにふさわしい大人の女になれたかと言えば。まずね、この時点での自分はまだ三十歳になりたてのハナタレなわけですよ。そんなお子ちゃまがいきなりケリーを抱えてみたって似合うはずもない。ランドセルに背負われているピッカピカの一年生みたいになっちゃう。張り切ってスーツに合わせてみたら、私立のお受験お母様みたいになっちゃう。ああまだまだ、自分はこのバッグにふさわしい大人ではないのだ。いつか似合うようになるその日まで。涙と深いため息とともにケリーちゃんはHマークの入った上品な布袋に戻されたのであった。

引越しのたび、布袋は大切に運搬された。時々そうっと取り出して眺めてはまた布袋に戻す日々。そうして、去年あたり、五十の声を聞いたあたりで、もういい加減自分は大人なのではないかと、「似合ういつか」は今なのではないかと気がついた。タンスの上から降ろされたバッグの、すべすべの、傷ひとつない艶やかな革の手触り……ん？　艶やか？　っていうか、なんか、ピッカピカなんですけど。私のイメージでは、使い込んでくたくたになり始めたバッグを大人の女性がさらりと小脇に抱えていて、ああ、一緒にいい歳月を重ねてきたのね、的な……うわあ、ダメじゃん。歳月重ねなきゃいけないのに、袋にしまって神棚に上げておいちゃあ、バッグと人間の年輪が揃わないじゃん。

ケリーバッグを持ったら大人になれるわけではない。年を取りさえすれば素敵にバッグが似合うわけでもない。きっと、バッグと自分を、育てなければいけないのだ。三十歳の自分には不釣り合いでも、ちょっとくらい場違いな思いをしても、使ってこなくちゃいけなかったのだ。格好悪い時間を共に過ごすからこそ、気が付いたらバッグと自分がお互いにふさわしく成長しているはずだったのだ。

あのモデルさんに教えてあげたいな。分不相応だとか言うひとがいるかもしれないけど、その悔しさが大人への糧だ。恥をかけるのが若さの特権だ。蹴散らしちゃえ。そうして将来、おほほ、私もあの頃は暴れてたわねえ、と笑えたら、それはもう素敵な大人だ。

恥をかくことから逃げて大人になり損ねた私は、超特急で育てねばならない。バッグを？　いや、自分を。時間がないから暴れることも辞さず。目指すはデニムに、ケリーバッグ斜めがけだ。と、勢い込んで鏡の前に立ってはみたものの、やっぱり緊張するのよね。でも踏み出さなくちゃ、玄関の外へ。「いつか」は、今だ。

湯気のむこうに

料理好きな夫が突然ハヤシライスを作りたくなったらしく、ついてはマッシュルームを買ってきてほしいと言う（お肉は先週冷凍してあったのだ）。うえーい、それじゃ私はサラダだけ作ればいいのね、らくちーん。ついでに娘たちの明日のお弁当もハヤシライスだ、らくちーん。待てよ、学校の食堂の電子レンジが使えなくなったと言っていたな、これは、もしやあの、熱いスープなんかをしっかり保温してくれてお昼にホカホカが食べられるという、スープジャーなるものを購入する機会到来？

俄然楽しくなってマッシュルームついでに東急ハンズをのぞいたら、あるわあるわ、いろんなメーカーのいろんなサイズのカラフルなジャーたち。専用の保温バッグやぴったり収まるお箸やスプーンも揃ってる。すっかり秋も深まって、湯気の立つものをお昼にいただこうと、皆考えることは同じなんだな。たっぷり時間をかけて吟味して、ハヤシソースとごはんとおかず、三段重ねる縦型タイプを連れて帰ることにした。

私の母は日本で最初にキャラ弁を作った女性であろう（本人談）。体が小さく食の細い妹が幼稚園の頃、なんとか食欲をそそろうとお弁当箱をくまさんやお花で彩っていた。幼稚園の先生に、他の父兄から苦情が出ています、鈴木さんちみたいなお弁当がいいとお子さんが言うそうです、いい加減にしてください、って言われて困っちゃったわよお、というのが四十年たった今も彼女の自慢である。

で、その娘である私もキャラ弁が得意かですって？ とんでもない。なにせ三つずつ作るのよ、毎朝。細かいことやってられないのよ。幸いうちのお嬢様たちは食欲旺盛、大した工夫をしなくても食べてくれるので、だいたいおにぎり二つに卵焼きやソーセージや焼売、ブロッコリーやお芋、ってところでしょうか。それでも長女が保育園の頃からかれこれ十六年も続けていると、時々お弁当張り切り月間がやってくる。友人から曲げわっぱもどきのお弁当箱をもらった時はしばらくのり巻きやお稲荷さんに熱中していたし、輸入品スーパーで茶色のサンドイッチ用紙袋を手に入ればしばらくサンドイッチが続く。あ、この間は千切り野菜や卵やハムをパンの厚みの倍くらい挟んだ「インスタ映えサンド」も作ってみた。ええ、なかなか好評でございましたわよ。そして桃の節句には桜でんぶや炒り卵でパステル弁当に仕上げ、可愛いじゃーん、とひとりごちながらスマホで写真を撮り、自慢する相手もいないので実家の母に送りつけるのである。

お昼にハヤシライスを食べている娘たちから「すごいよ、あったかいよ」とラインが来た。こういう日本の技術って本当にすばらしい。今度私もロケの時かなんかにスープジャー借りていって、どんな感じか体験させてもらおう。そうしてしばらくは我が家で（いや、私の中で？）スープジャーブームが展開されるであろう。クリームシチューやミネストローネ、やっぱり豚汁もいいかなあ。

つわものどもが夢の跡

選挙って、どうして「戦」って言うのだろう。あれは戦いだろうか？　いや、戦いには違いないのかもしれないのだけれど。総選挙だ、ってなると途端に張り切って声を嗄らして頑張るぞ、えいえいおう、みたいな、岸和田だんじり祭にでかけるんじゃあるまいし。国民の声を聞きたいと言われても、私もかれこれ三十年、近所の小学校や図書館へこつこつと投票に足を運んでいるが、私の声を聞いてもらった気がしたことは、まだないぞ。しかし私は私の義務を果たさねばならぬ。台風の真っ只中、ゴム長靴を履いて清き一票を投じて来れば、結果が気になって速報番組を見る。

当選した候補者が、やった、勝ったと万歳している姿がちょっと不思議。いやいやここで喜んでる場合じゃあないんですよ。これからばしばし働いてもらわにゃあ困る。東大に受かったとかW杯で優勝したみたいな達成感、味わうところはここじゃないです。それから候補者の名前が壁に貼り出してあって、当選すると赤いお花を付けていくの、あれも妙じゃあございませんか？　なんかさ、勲章もらっていち抜けた、と笑ってるみたい。そしてお花の付いていない名前が寂しく残されて、なんだかダメな人たち、と烙印を押されたかのように見える。

落選した者が、当選した者よりもダメなわけじゃあない。ここんとこ間違えないようにしようと思う。戦の勝ち負けを、善悪とごっちゃにしてはいけない。戦い方が賢かったり、ちょうど良い武器を持っていたり、またはシンプルに力の強い方が勝つことになる。倫理的に正しいかどうかは別の話だ。必ず善が勝ち、悪が滅びるとは限らない。

ということを、昨年『真田丸』を観ながらずっと考えていた。あんなに思いやりがあって研究熱心で自己犠牲を厭わず笑顔のチャーミングな（あ、それは堺雅人さんだからか）真田信繁でも負ける。どう見たって家康さんより善良だったのに。選挙だったら絶対信繁さんに入れたのになあ。しかし勝った徳川家康のおかげで沼地だった江戸は驚異的な発展を遂げ、オリンピックを二回もやろうとしている。結果的に我々日本人にとって良かったのか、そうでないのか？

新幹線で大阪へ向かう途中、進行方向右手に座るのが好きだ。名古屋を過ぎて滋賀県へ入る少し手前で窓の外を眺めていると、数年前まで「関ヶ原古戦場跡」という看板が見えた（最近なくなったのでどうしたのかと調べたら、二〇二〇年に向けてリニューアル工事中らしい）。長閑な丘と野原の連なりに、善でも悪でもない何万もの魂が眠っているのだと思うとなんだかきゅんとなる。彼らに言わせれば、ちょっとそこまで出かけて行って紙にささっと殿様の名前を書くだけで天下が決するとはなんとお気楽なことよ、大雨くらいでぶつぶつ言いなさんな、というところだろう。四百年前なら、この一票は命がけだったかもしれないのだから。

今やる、すぐやる、出し惜しみしない

一年の初めに、その年の標語を決めることにしている。一昨年は「上機嫌は最大の美徳」という糸井重里大先生のお言葉を拝借した。昨年は「今やる、すぐやる」。自分の弱点がよくわかった選択だ。一年を通して自分に言い聞かせると、その通りに達成はできないが、少なくとも一歩、いや半歩くらいは前進した気がした。で、二〇一七年の標語はここにひとこと足した。「今やる、すぐやる、出し惜しみしない」。

お中元やお歳暮をいただいた時のお礼状が、難関だ。包装紙を片付けたら書こうと思う。読みかけの新聞を終えたら、書こうと思う。お風呂に入ったら書こう。食器を洗ったら書こう。あ、九時からのドラマ見たら書こう。そんなこんなであっという間に三日くらい経って、いただいたハムをすっかり食べてしまってから「美味しゅうございました」、と書いたはいいが、出かける時に持っていくのを忘れる。翌日はしっかりバッグに入れて家を出るけど、なかなかポストに出会えない。やっとみつけたポストの前には路上駐車ができない。そうしてようやく投函できた頃には、お礼状の賞味期限はとうに過ぎてしまっているのだ。あの時すぐに書けば、そしてその足で二ブロック先の郵便局までひとっ走りすれば十五分で済んだものを。今やろう。すぐやろう。

頭の中でごちゃごちゃ考えていないで、手を足を、すぐに動かすことだ。お芝居のアイディアも思いついたらすぐやってみる。出し惜しみしない。撃沈したら新しくひねり出せば良い。空中ヨガをやってみたいと思ったら、すぐやる。「やってみたいなあ」と考えている間にやってみて、続けるかどうかはそれから考える。

お茶を飲もうと思ったら、ほうじ茶の後ろから先月買ったミントティーとデトックス茶と友人の台湾土産の茉莉花茶が出てきた。デトックスしたくて買ったんだから、すぐ飲むべきだったのだ。台湾旅行の興奮は、新鮮なうちに共有するべきだった。物はやってくるタイミングに、きっと意味がある。夫が誕生祝いにかっこいい包丁をいただいたというので、すぐ開けて、すぐ使わせてもらう。この包丁が我が家の台所に新風を吹き込むに違いない。そのパワーを、鮮度が落ちないうちに享受させていただこう。

新しいコートを買ったら、次の日すぐ着る。まだ暖かくてコート日和じゃないなあ、と思っても、中はTシャツにしてとにかく着る。出し惜しみしない。そう決めたら、買い物をする時に「明日着られるもの」という基準ができて、無駄がなくなってきた気がする。新しい下着も大切にしまいこまないですぐ身につける。いざという時、なんて待つものじゃない。女五十一、毎日が勝負下着だ！

わからないことはすぐに調べる。会いたい人にはすぐ会いに行く。「あとで」「そのうち」を自分に禁じるのはなかなか難しいのだが、少しずつでも心がけていると新陳代謝が良くなっていくような気がする。さて、目下のところ、この心がけが一番必要なのは、そう、この原稿である。締め切りまで二週間あるとのんびりしないで、「今やる、すぐやる」。ネタだって出し惜しみしないで、思い浮かぶ端からキーを叩く。と、はい、心がけております。この標語、もう一年延長しようかな。

プールの怪人

近所に頃合いのプールが欲しいなあ、と願う今日この頃。起き抜けにひと泳ぎして目を覚ますのもいいし、一日の終わりに水の中で手足を伸ばしてついでにお風呂にも入ってあとは寝るだけ、って帰宅するのもいいなあと思う。走るのが苦手なので、有酸素運動は専らスイミング派。

なんて言っていると人魚のように泳げるみたいだが、私の泳ぎはそりゃあひどい。そもそも通っていた小学校にプールが無かったのが致命的だった。年に一度、みんなでバスに乗って市営プールへ行くのが唯一の水泳教室だったのだ。湘南育ちと言ったって、高校時代なんか、海は授業をサボってひなたぼっこしながらサーファー達を眺める場であって、泳ぐためのものではなかったし。

大人になって、ある時友達と香港旅行をすることになった。せっかくだから超高層の高級ホテルに泊まってさ、プールサイドでカクテルなんか飲んじゃおうよ。うわ、バブルでしたねえ。そしてこの旅行のため、香港のホテルの素敵なプールで優雅にクロールをしたいという目的のためだけに、私は短期集中水泳教室に通ったのだ。

二週間の特訓の結果、とりあえず、クロールらしきもの、で二十五メートルは進めるようになった。が、ものすごく遅い。三十歳くらい上のおばちゃんに抜かれる。おまけに息継ぎが下手だから、プールの向こう側に着く頃には息も絶え絶え、肩は激しく上下し、復路はゆっくり水中歩行で戻ってくるのがやっとという有様なのだ。

そこから私の泳ぎは一ミリも進歩していないのだが、それでもプールは、好き。重力から自由になれる感じが、いい。ドラマ撮影のため大阪に泊まると、カツラや着物でこわばった身体をホテルのプールでほぐすのがひそかな楽しみだ。

その日は先客がいた。六十代くらいの、接待太りをジム通いで回避している重役さん、という風情の男性。慣れた感じで泳いでらっしゃる。いつものようにクロールとウォーキングで行ったり来たりする私の眼の前で、彼はザバリとプールサイドに上がった。そして、ひええ、彼の水着と言ったら。白いのよ。しかも生地が、薄くて、透けてるのよ。視力一・五の私には手に取るように、彼のお尻の割れ目や脂肪のつき具合まで、はっきり見えるのよ。なんで、白？　なんでスケスケ？　彼が後ろ向きだったのは不幸中の幸いだった。お願いだから振り返らないでちょうだい、私の隣のレーンを泳がないでちょうだい。あのスケスケパンツの中身と一緒に水の中にいたと思ったら、なんか、もう。息継ぎどころか呼吸困難になりそう。

それっきり彼には遭遇していない。でも毎回、プールに向かう度にドキドキである。

さてここで、我が娘おてんちゃんに聞いたとっておきの情報を一つ。あの高橋一生さんも、撮影が早く終わるとプールで泳いでいらっしゃるそうだ。「どんな水着でしょうねえ？　きっと黒のブーメランじゃないかと」という彼女の大胆発言から、女性陣の妄想はどんどん膨らむ。対象が違うとこんなにも、ねえ。こっちのドキドキは、いいものよね。

ウィノナとともに。

いやあ、はまった。久々に海外ドラマにハマった。『ダウントン・アビー』も制覇したけど、あれは地上波放送を待ってゆっくり観ていたから、シリーズをまとめて一気に観たドラマといったら『24』以来ではないかしら。うちの女子高生たちがとにかく面白いと言うので試しにご相伴させていただいた『ストレンジャー・シングス』に、どっぷりはまってしまいました。

舞台は一九八〇年代のアメリカのどこかのつまんな〜い田舎町。深い森。黄色いスクールバス。町の雑貨屋。スクランブルエッグとコーヒー。ほらほら、『ツイン・ピークス』や『バック・トゥ・ザ・フューチャー』の匂いがするでしょう。ここに十二歳くらいの男の子四人組がいる。そのうちの一人が事件に巻き込まれるところからSFサスペンスが展開されていくのだ。事件の鍵を探しに、少年たちが森の中の廃線をたどって歩いていく。もちろん、拾った枝を振り回しながら。そうよ、『スタンド・バイ・ミー』よ！　やがて悪い大人たちに追われる彼らは、自転車で猛スピードで逃げ回る。ああ、これって『E.T.』じゃないの。ハロウィンの場面ももちろんある。『E.T.』公開当時、なぜ仮装して歩き回っているのかさっぱり意味がわからなかった、この地方特有の祭りか？　と思っていたハロウィンが、今や日本でもクリスマスに次ぐ経済効果をもたらしているとは。なぜかしみじみ。

ヒロインが現れる。とある理由で坊主頭である。坊主ですっぴんなのにあまりにも可愛い。彼女は特殊な能力を持っていて、男の子たちが絶体絶命大ピーンチ！　というところで助けてくれる。「大丈夫、彼女が来てくれる、来るよ、来る、ほうら、来た～！」とTVの前で手を叩いて喜ぶ私に、女子高生の視線が冷たい。

しかし何と言ってもこのドラマで最も胸を打たれるのは、ウィノナ・ライダーなのだ。『リアリティ・バイツ』の、『シザー・ハンズ』のあのウィノナ。タイトルバックで彼女の名前を見たときの、驚きとうれしさと言ったら。しかも出演者の一番初めだ。「うわあウィノナ・ライダー、本物？　すごいすごい」と興奮する母に、さらに冷たい娘たち。あのね、この方はその昔、今のエマ・ワトソンもびっくりの大アイドル女優さんだったんだからね。と力説してみても、あ、ママ役の人ね、と反応が薄くて悔しい。

消えた息子の行方を捜すウィノナは着の身着のままで、髪はくしゃくしゃ、ノーメイク（に見えるメイクだろうけど）、叫んでいるか呆然としているか、あとはだいたい泣いている。でも、ウィノナだ。小さくて華奢で、黒いおっきな瞳がいたずらっぽくてちょっとひねくれている。ティンカー・ベルみたいで、でも田舎の貧乏なシングルマザーにも見える。確実に年をとった、もう十七歳じゃないウィノナ。その人を観ている、あの頃の自分の母親の年齢をも超えている私。なんだかね。いろいろだよね。恋したり振られたり、太ったり痩せたり病気したり、酔っ払ったり親を亡くしたり家族を作ったり。修正したい過去もこっぱずかしい記憶も、もう逆立ちしたってどうにもならない。でもまあいいか、と彼女を観ているとちょっと勇気付けられる。この切なさを抱いて生きてゆくのだ、ウィノナとともに。

深夜のハッピーアイスクリーム

二十三時を少し過ぎ、てっぺん回る前に寝ましょ、と思い始めた頃、LINEの着信通知が光る。

「義理のお父さんが入院して、このひと月病院通い。ストレスたまってるよ」「あら大変」「お悪いの?」「大丈夫なんだけど、こっちがパンパン」「わかる」「お疲れだね」「がんばれ」「よしっ元気付けに焼き鳥屋さん行こう」

うちの子供達が幼稚園の頃、お迎えで一緒になったママ友六人のグループLINEだ。かれこれ十五年艱難辛苦をともにしてきた友。ママ友、って記号はほんとはあんまり好きじゃない。なんだか十把一絡げじゃない? それぞれの少女時代があって、学生やって大人になって、ものすごいキャリアがあったり大恋愛の末に結婚したり、一人ずつに壮大なストーリーがある。専業主婦をしているのがもったいないほどのスキルも持ってるのに、記号で呼ぶと、とたんに顔のないのっぺりした存在になってしまう。そうしてお気楽な集団にも見えるかもしれない。都会に住んで、子供を私立の学校に行かせて、ネイルなんかも綺麗にしちゃってる女たち。でもね。彼女のお義父さんが入院するのはこれで三度めだし、別の一人は実のお父さんを亡くしたばかりだし、一人は受験生を抱えて夫は単身赴任、一人は実家と折り合いが悪い。主婦、ＯＬ、女子大生、とラベルを貼られてきた世代だけど、一人ずつに事情はある。

いつだったかドラマの演出家の男性に言われたことがある。「有名な旦那さんがいて、お子さんも育てて、女優もやって、すべて手に入れてますね、完璧じゃないですか」

びっくりした。私ってそう見えるんだ。外から見えるものを数えたら、確かにそうかもしれないな。でもね。私にも事情がある。やりたいことができなくて眠れないほど悔しいことも、逆立ちしたって手に入らない憧れも、自分の不甲斐なさにのたうちまわる夜更けもある。そう反論するのはわがままだろうか。家族が五体満足で、一緒にご飯を食べられるだけでなんとありがたいことよ、と思う日だってもちろんある。満たされていると認めたい自分と、もっともっと、という強欲な自分との間で、いつも揺れている。いつかストンと、煩悩が抜ける日が来るのだろうか。このまま欲張りな老婆になるのだろうか。

「焼き鳥屋さんのあとカラオケも付けていい?」「いいよ、もち」「もち」「あ、ハッピーアイスクリーム」「え、なにそれ」「同時に同じ事言ったから。アイスおごりだよ」「初めて聞いた」「私も知らない」「ちょっと待って、世代違わないでしょ」「地域差なのかしら、神奈川県民には常識だよ」「埼玉県民も知ってる」「あたくし世田谷だけど知らないわよ」「ドキッ」「ああなにこの会話、くだらな過ぎる」「くだらないよ〜誰が始めたの〜」

そろそろ日付が変わる。誰かが言った。「もしかしたらさ、死にたいって虚空につぶやく人って、こういうくだらない会話する相手がいないんじゃないかな。私、あなたたちがいてくれて幸せ」「本当だね」「本当だ」「あ、ハッピーアイスクリーム」

ホームメイド晴れの日

つかぬ事をうかがいますが、成人式って、どうしても必要なのかな。あの、自治体が市民ホールとかで大騒ぎでやるセレモニーのことだけど。私は二十歳の頃実家を離れていたし、あんまり興味がなかった。実家は神奈川ですから行こうと思えば行けたんですけど。実家住まいの妹も、「記憶に無いな〜。会場で記念品だけもらって友達と出かけたんじゃないかな。市長とか知らないし」と、あっさり。成人式とはそもそも、無事成人できたことを感謝し、自覚を新たにし、周囲にこれからもよろしくとお伝えする通過儀礼なのであって、つまり七五三と同じ趣旨なわけでしょ？　七五三は各家庭で自己責任でお祝いしたりしなかったりするわけで、身内でほっこりお披露目すれば良いわけで。

もちろん市長さんは心のこもったお祝いの言葉をくださるのだろうし、感動的な式もきっとあることでしょう。なかなか会えない同級生に会えた、とかね。でもイマドキSNSあるしねえ、会いたかったら同窓会すればいいし。我が家の娘たちも地元にお友達は少ないし、きっと区の儀式には不参加であろう。と、ほらね、参加するかしないかは友達と会えるかどうかにかかっているわけだ、社会人を自覚するためではなく。中にはディズニーランドでお祝いしてくれる楽しげな街もあるけど、その場合、まずはその市に長いこと住民税を払ってきてくれたご両親に感謝するのが先ではないでしょうかね。一生に一度の晴れの日、とかって盛り上がる前に。ぶつぶつ。

まわりに国際結婚しているカップルが多いのだが、その子供たちも自治体の式に参加した話は聞いたことがない、が、お祝いはちゃんとするのです。むしろ伝統的に。エキゾチックなハーフのお嬢さんがきちんと振袖を着て、明治神宮かなんかにお参りして、家族とおじいちゃまとおばあちゃまと、記念写真を撮ってお食事をして。成人の日にこだわらず、みんなの都合の良い日に集まって。そういうことでいいんじゃないだろうか。ひょっとしてこちらの方が、本来の成人のお祝いの形に近いのではないかしら。

今年はオーストラリアに住む友から二十歳になったお嬢さんの写真が届いた。パパはアメリカ人だ。山梨に住む親戚の振袖を、一式送ってもらったそうだ。そして着付けを頼んだのは、なんと地元の白人女性。日本語がぺらぺらの素敵な白髪の方だったそうだ。友もいろいろと手配が大変だったであろう。でも世話を焼いてあげられるのもあと少しだしね。ここから先は自分でやりなさいと子供の背中を押す日、いやそれよりも、もう手を出しちゃあいけない、危なっかしくても放り出すのだという子離れの日が成人式なのかもしれない。ことに女親にとっては。

送られてきた写真をもう一度見る。真夏の木漏れ日の下、半袖ワンピースの妹さんと並んだ新成人はちょっぴり照れながらも誇らしげで、彼女を幼稚園時代から知る東京のおばちゃんはなんだかキュンとなる。なんとホームメイドで、なんと晴れやかなことか。それにね、晴れの日は一度だけじゃない。これからの人生、何度でも。どれだけ増やせるかは、君次第だ。

悩ましきヘア問題

今世紀最悪と言っていいほど、髪が傷んでしまっている。ツヤがなくてパサパサ、キシキシからむ。ノンシリコンやオーガニック系や、いろんなシャンプーとトリートメントを試してみたけれど今ひとつ決め手に欠けて、シャンプー難民と化している。

「うちってさ、毎回シャンプー変わるよね。いい加減落ち着こうよ」と呑気な娘たち、おのれ、高校生が私の高級アンチエイジングシャンプーをジャバジャバ使うでなーい！

かれこれ四半世紀にわたり、私の髪をお世話してくれている美容師のおーちゃんによると、「前に一度ストレートパーマかけたからね、それにほなみちゃん、このところ毎月カラーしてるでしょ。オレもなるべくトリートメントしてるけど」なのだとか。

ううむ、カラーだよね。仕事してなければ気にしないんだけど、ドラマのメイクさんに「照明当たると目立つから、生え際だけマスカラ塗りますね～」なんて言われちゃうとさ、申し訳なくて。いっそのこと一切のカラーをやめて、白髪カミングアウトしたらどうだ？　と思ったが、「十年早いよ、オレ責任持てないよ」とおーちゃんに猛反対された。それに、島田順子さんみたいなきれいなグレーヘアにはなかなかならないものらしい。そういえばうちの母も、まだら白髪で染めないと変なのよ、と言っていた。

いつもシャンプーしてくれる金髪ののんちゃんは、「洗う前によくブラッシングしてくださいね。シャンプーが泡立たないときは絶対にこすっちゃダメ、二度洗いしてください。お風呂から出たらすぐ乾かすこと。特に地肌です！」と、自力でできる素晴らしいアドバイスをくれた。で、その通りにやってるし、ワカメや黒ゴマも好きだし、うえーん、これ以上どうすれば良いのだ。

あとはヘッドスパに行ってみようか？　しかしスパとか、ネイルとか、予約するのが面倒で苦手。今日、と思ったら今日行きたい。二ヵ月先の予定なんて、たてられない。

以前シャンプーのＣＭに出演したときは、撮影の前の週にこちらのヘッドスパに行ってください、と、そのスケジュールまで用意されていてびっくりした。イケメン美容師さんのシェアハウスでのあれこれを聞きながら、マッサージやらトリートメントをしてもらい、二時間後には本当につるつるサラサラヘアに生まれ変わっていた。あれはすごかったなあ。そして本番の撮影。あのね、CMのあの、髪が風になびいてさら〜り、つやつやふんわり、ていうの、あれ本当に実際の髪でやるのよ。今のご時世、CGでいくらでも映像が作れそうなものなのに、そこはかたくなにリアルな美を追求するのであった。湿度九十パーセントの霧の白樺林で撮影したときは、「僕には湿気までコントロールできない！」って、ヘアさんがドライヤー片手に涙目になっていた。これだけデジタルな世の中なのに、妙なところにアナログが潜んでいるものだ。

で、結局私の髪。「いや実際、まだそれほどひどい状態じゃないよ。ほなみちゃん、家で若い子のぴかぴかのバージンヘア見慣れてるからだよ。あいつらと比べちゃダメだよ〜」って、おーちゃん、それはなぐさめてくれているつもりなのかしら？

解毒の旅。パート1

上野発の夜行列車おりた時から〜。かの名曲が昨夜から頭の中でノンストップで鳴っている。なんでかっていうと、上野発の特急に乗るからなのだ。近頃西へ行くにも北へ行くにも東京発の新幹線ばかりで、上野駅を使うなんて何年ぶりだろう？　記憶を遡ると、あれはどうやら小学校に上がる前、父と伯父が猪苗代にスキーに連れて行ってくれた時だ。今思えば妹がまだ小さくて、母が子育てに大変で、ちょっとお父さん、たまにはホナミを連れてどこか出かけてきてちょうだいよ、なんて愚痴ったのだろうな。で、父は子供好きでスポーツマンの伯父を誘ったのだ。一人じゃ心細いから、うふふ。今も昔も子育ては大変だ。夜遅くに列車に乗って、バスに乗って、二階建てのアパートみたいな宿に着いたのを覚えている。隣の部屋には幼稚園の先生だという女子が四人くらい泊まっていて、私をとても可愛がってくれて、コタツでトランプをしたりみかんを食べたり、私はすっかり入り浸っていた。ついでに父と伯父も入り浸っていた。ま、彼らも当時三十そこそこのヤングマンでしたからね。帰りの列車の中で、あのお姉ちゃんたちのことはママに話さなくていいからね、と、さりげなく口止めされた、気がする。あの後私は秘密を守ったのだろうか、夫婦喧嘩が勃発したのだろうか。残念ながらそこのところは覚えていない。

夜行でもなくあずさ2号でもなく（あ、違う曲ですね）、今回私が乗り込んだのは、草津3号。はい、温泉です。ファスティング、断食のプランをやっているホテルがあると聞いて、前から気になっていたのだ。二泊三日、どうやってひねり出そうかと思っていたら、このたびうちの女子高生たちが部活の合宿で五日間いなくなるというではないか。ああ、こんな日が本当に来るなんて、時が経つのは早いなあ。長女を妊娠した時、もうここから先、私の人生は「お母さんとしての人生」なのだと思った。観念した、と言ってもいいかもしれない。この先一生、子供とスケジュールを共にして生きていくんだな、好きな時に一人で出かけたりすることは無くなるんだな、と。ところが娘が小学校に上がった頃、あれ？　と気付いた。子供って、意外と早く大きくなる。こちらが親としてちゃんとやれているかいないかにかかわらず、どんどん成長する。この分だとあと数年で、いなくなるのではないか？　そのあと、「お母さんだけ」じゃない、「私」の人生が戻ってくるのではないか？　しかも健康であれば、案外そのあとの人生が長いんじゃあないか？　こういうこと、保健体育の時間に教えといてもらわないと、びっくりしちゃう。出産して閉経して一丁あがり、じゃなくて、その先がたっぷりあるんだよと。

そうして、時は来た。五日間をどう使おうと、私の自由だ。夢みたい。ありがたくも自立した夫は仕事仲間とご飯を食べに行くと言うし、かくして私は同じく子育てを終了した友人を誘って車中の人となっている。旅の車窓は郷愁を誘う。自らの半生をふと振り返っているうちに、おっと、誌面が尽きるではないか！　まだ草津にも着かないのに！　てなわけで、ファスティング体験記は次号へ続く。

身体を整えるということ　解毒の旅パート2

ファスティングというのは、要するに断食である。この間、『婦人公論』にも「一週間夕食断食」っていう記事がありましたね。本屋さんへ行くと「週末断食」とか「月曜だけ断食」とか、いろんな断食入門の本が出ていて、どうやら巷で流行っている様子。断食と言ってもまったく食べないわけではなくて、酵素ジュースだけ飲むタイプ、スロージューサーで作った野菜や果物のジュースを飲むジュースクレンズ、などがあるらしい。周りに経験者が何人かいて、まあ中には野菜ジュースの味が苦手で一口飲んで吐き出しちゃってギブアップ、なんていうなさけない脱落者もいたのだが、だいたいは「よかったよ、すっきりするよ」と聞かされていた。目的は体重減少ではない。食べなければそりゃあ体重は減る、でも食べればすぐ戻る。それよりも胃腸を休ませて体調を整えることが重要らしい。ある知人は「消化にエネルギーを使わないから、その分脳が冴えて次々にいい考えが浮かぶのよ！　ハッピーホルモンが出てすごく楽しくなっちゃうの！」とまで言っていた。そこまで言われちゃあ、ぜひともその境地を体験してみたいものだ。それにみんなにできて私にできないはずがない、と、なぜかここで負けず嫌いが顔を出す。

今回友人と私が選んだお宿では、人参ジュースと具なしの味噌汁、梅干しが出る。お医者さんが指導しているわけではないので医療目的ではありません、マクロビのシェフが美味しいコース料理をご用意しますので、食べたくなったらファスティングは中止しちゃってもいいんですよ、という、いわば「ゆる断食」である。ヨガマットの用意されたエクササイズルームはいつでも使えるし、好きなだけ温泉に入れるし、あとはベッドに転がって読書に耽る。家事も仕事も頭の中から追い出して、ああなんという贅沢。三日後の自分にどんな変化が現れるのか、楽しみでしかたがない。

一日目の夕方、最初の人参ジュースをいただく。大きなグラスに二杯。味噌汁もあるから、おなかがタポタポする。番茶や生姜入りハーブティーはいくらでも飲んで良い。水分をなるべく摂ってくださいね、口寂しい時は黒糖を少し、温泉に入る前には塩の粒を舐めて、と説明を受ける。わくわく、上々の滑り出し。

経験者によると、ファスティング中には頭痛がしたり、アレルギーのある人はその症状が出たりすることがあるそうだ。好転反応というものですね。そうやって身体が毒素を外に出そうとするのだという。ちょっと緊張するね、なんて話していたら、友人がぐすぐすと鼻をすすり出した。「なんだろう、咳も出るし、ちょっと熱っぽいような気がする」「ええ〜もう反応が？　いくら何でも早すぎるよ」「こう見えて繊細なのよ〜」なんて笑っている間にもみるみる頬が赤くなっていく。さすがに心配になって、フロントに電話をして体温計を貸してもらう。なんと！　三十八度五分！　「最近寝不足だったし、湯あたりしたかも。大丈夫、寝れば治るよ」とつぶやいて友人は早々にベッドに潜り込んでしまった。どうなる、ファスティング旅!?

食うか、食われるか　解毒の旅パート3

　ファスティング初夜が明けた。熱のある友人は一晩中隣で唸っていた。大丈夫か⁉　そうっと起き出して、一人で温泉へ向かう。脱衣場の体重計に乗ってみたらば、一キロ半も減っている。そりゃそうだ、水分しか摂ってないもの。今回の旅の目的は体重を減らすことではない、のだけれど、つい数字に一喜一憂してしまうのは乙女心というものかしらん。

　湯船の縁にあごを乗せて、頬を冷やしながらお湯に浸かる。昨夜降った雪が積もって、朝の空気はしんと静かだ。朝の露天風呂って幸せだなあ。おまけにどれだけ入ってもお風呂掃除の心配がいらないなんて、ほんとにありがたい。

　ほかほかになって部屋へ戻ると、友人が起きてぼんやりしていた。まだ具合が悪そう。よっぽど毒素が溜まっていたのか？　「大丈夫？　帰る？」「いや、ここで寝ていたほうがいいと思うの』。確かに、彼女の旦那さんは単身赴任で家にいないしお嬢さんも留学中、あの一軒家でひとり高熱と闘うだなんて、想像するだに心細い。私がいれば何かあったら助けを呼べるし、ホテルのひともいるしね。よっしゃ、もう一晩運命を共にしよう。

結局友人はその夜も熱が下がらず、水分しか摂れない状態で自主的ファスティングとなった。私はと言えば、順調に人参ジュースを美味しくいただいた。空腹感に苛まれることはまったく無かった。ただ、「噛みたい」衝動には襲われたかな。ナッツとか、お煎餅とか。これが自宅だったら台所の棚をゴソゴソしちゃうところなんだけど、ホテルにいちゃあそんなズルもできない。あきらめる。うん、これがファスティング成功の鍵だな。そして一人でエクササイズルームでヨガをし、一人で温泉に入り、いとうせいこう『国境なき医師団を見に行く』を読んで一人泣いたのであった。

びっくりするような閃きは浮かばなかったしハッピーホルモンが出たのかどうかもわからなかったけれど、よく眠れてすっきり目覚めたのは確かだ。やはり胃腸ががんばって消化してると睡眠が妨げられるんだな。だいたい私はこう見えてかなりの食いしん坊なのだ。友達と食事に行けば「ホナミは最初に食べ始めて、最後まで食べてる」と言われるし、足つぼマッサージに行くと「胃が弱いですか？」と聞かれる。弱いんじゃないんです、慢性的に食べすぎで、疲労困憊させてるらしいんです。時々内臓を休ませてあげるって大事だということがよくわかった。それと、食べなくても案外つらくないということ。だからこそ、食べるなら適当にすませずおいしく楽しく食べたいということ。食べることに振り回されたくはない、自分で自分の食を管理したいということ。

あいかわらずフラフラの友人を上野駅から自宅へ送り届け、温泉の余韻に浸っていたらLINEが来た。「医者に行ったら、インフルエンザB型だったよ！　ごめん！　絶対うつしてるよ！」。ひええマジですか。それから数日、ドキドキして過ごしたけれど、なんと私、なんともなかったのでございます。二泊三日ウイルスと同居しながらはね返す強靭な体力、免疫力。もしかして私、ものすごく丈夫？　ということがわかったのが、旅の一番の収穫かもしれませぬ。

皿洗いは好きですか

　友人の、二十代の息子さんがガールフレンドを家に連れてきたそうだ。

「なんていうか、手際のいい子なのよ。ごはんを食べ終わったと思ったらさっさとお皿を下げて、カチャカチャ音がするから洗ってくれてるのかな？　と思って見に行ったら、水切りかごにね、お皿がちゃんと大きさ順に、きっちり収まってるのね。ああ、おうちで普段からやってるな、この子だったらお嫁でもいいかもって思った」「それはしっかりしてるわ。うちの息子の彼女なんか、たまに洗ってくれてもすごく時間かかるしお茶碗の向きがしっちゃかめっちゃかよ」「ご実家でお母さんがどうしてたかってこともあるよね。その子はいい。ちゃんと育てられてる」

　息子のいない私には大変興味深く、かつドキリとさせられる会話であった。家に帰って娘が洗ってくれたお皿を見たら、水切りかごに大きさ順に整然と並んでいた。ああよかった。と、安心しつつ、あれ？　と思った。私たち、前時代的なこと言ってる？

お皿を洗ってくれたからいいお嬢さんだという話じゃあない。その洗い方に、彼女の才覚、俊敏さが表れていて、息子と一緒に人生の荒波を上手に泳いでくれそうな気がすると友人は言いたかったのだ。それでも、やっぱり。ワンオペ育児の不条理に怒り、女性をもっと活躍させるべし、と唱えながら、一方で私たち自身が無意識に、女の子＝お嫁ちゃんを家事の手際の良さで評価している？　あっほら、ゲーノー界の人の結婚会見の時、男性のほうに「奥様の手料理で何が好きですか？」って聞くじゃない、しかもたいてい女性のリポーターが。あれも無意識のなせる業だ。スルーしちゃいかんと思う。あと女性のほうだけ、「何々さんは仕事を続けます」と断りを入れるよね。さらには「何々さんは妊娠していないということです」って、妙に事務的な一文も付く。大きなお世話だ。失礼千万。ニュースの受け手も、無意識に聞き流してやいないか。だって私たち、そういう時代にそうやって育てられてきたんだもの。でも女同士でさえまだこんな途上にあるのだから、男たちに理解しろっていうのは無理な話よね。おっと、これも性差別？　もやもや。

どうやって意識改革をしていけば良いか考えてみた。冒頭の友人宅の場合、食事が終わったら息子くんが立つのはどうだろう。君は今日はお客さんなんだから、と彼女を座らせて。僕が片付けている間に、母とおしゃべりでもしていてくれたまえ。いいねえ男らしいねえ。そういえば、男の子たちよ家事をしよう、と呼びかけて塾を開いた男子高校生がいるそうだ。彼は言う。家事は生きる力だ。自分の衣食住の面倒を自分でみるのに、男も女もない。そしてそれは家の中だけでなく、社会を生きていく力でもあるのだ、と。だからみんなが身につければいいよね。その上で、得意不得意、好き嫌いで臨機応変に分担できればいい。男の子にしかできないことや、女の子にしかできないこともあるから、全部平らかにしなくていい。今はまだ、これは私たちの「理想」だけれど、次の世代には「当たり前」になっているといいな。うん、そしてそのために小さくも一歩ずつ踏み出していくのは、今の私たちの役目だな。

Ⅱ

旅行革命

所用でアメリカへ行くことになり、例のごとくガイドブックを読み込み始めるのである。王道の観光名所もチェックしつつ、ツウあるいはロコしか知らない情報も欲しい（本になっている時点で「知る人ぞ知る情報」じゃなくなってるわけだけど）。何冊も持って歩けないから、必要な情報を一枚の地図に書き込んで自分用にカスタマイズしないといけない。どうせならウェブ上でガイドブックを見られて、気になるお店をクリックしたら地図にピコッと印が付く、なんてことがそろそろできてもいい時代よねえ、とカフェでイチゴショートケーキを食べながら展望を語っていたら、友人に「それ、できるでしょ」とあっさり言われた。「例えばスマホでニューヨーク、美術館、で検索して出てきた住所を長押しするわけよ、そしたら地図に飛ぶでしょ、旗が立つからそれを保存してホニャララ○△$#＊」。ちょ、ちょ〜っと待った、今やってみるからゆっくり言ってくれる？　いつから世の中こんなことになっていたのだ。文明の利器です。すごいです。

　旅先で使っているうちにさらなる発見をした。迷子になったって、今あなたがいる場所はここ、とスマホが教えてくれる。で、目的地を入力すると、そこまでの経路がひゅんっと出てきて、徒歩なら何分、電車なら最寄り駅はここ、バスに乗りたいの？じゃあバス停はここね、三つ目で何番に乗り換えてね、あ、あと七分でバス来ますよ、と懇切丁寧に教えてくれるのである。明日の朝食はパンケーキにしよ、と思ったら、インスタで#パンケーキ。おいしそうな写真が出てくる出てくる。気に入ったのを選んで店名を長押しすれば地図に飛んでくれて、人気店ですから混みますよ、予約しときまひょか？　と気がきくいいやつである。もう私は折りたたみ地図も地下鉄路線図も持ち歩かなくていい、どきどきしながら「アイドゥライクトゥメイクアリザベーション」、って電話しなくても良いのだ。スマホと小銭入れとリップクリームだけ入れた小さいポーチで歩き回れる、旅行革命だ！

　画期的な便利さを享受する一方で、拡げてたたんで擦り切れた地図の折り目が懐かしい。青や黄色のカバーが付いた、文庫本みたいなパリの地図。おびただしい数のリストから最寄りのバス停を見つけてパズルみたいに路線図と組み合わせて、あの作業は実に頭の体操であった。ラクチンになると脳が怠けそうで、別の負荷をかけたくなる。機械に頼れないことって、やっぱり人だよな。バスの運転手さんと天気の話をするとか。博物館でガイドツアーに参加するとか、どうしたらパンケーキがふわふわになるのかカフェで教えてもらうとか。これからは一歩踏み込んで、もっと人と関わってみよう、と決意したのであった。

いろんな意味で目からウロコだったのよ、と、わらび餅とほうじ茶で一服しながら夫に報告したらば、「グーグルマップでしょ、オレ東京で普通に使ってるけど」とあっさり言われた。なんだよお、ガラ携の男に言われたくないんですけど？

緊急ボタン（？）

あなたは美容院へ行った帰りにＡＴＭで現金を引き出そうとしている。祝日なので、銀行は閉まっていてシャッターが下りている。五、六台のＡＴＭが並んだスペースには他に客はいない。営業日じゃないから手数料、取られちゃうな、失敗したなあ、なんて思いながらキャッシュカードを取り出して、一番奥の機械の正面に立ってふと見下ろすと、やや？　これは、封筒？　操作する画面の、ちょいと脇に、引き出した現金を入れる用の銀行の封筒が、ふわっと置いてある。ふわっと。ここがポイント。ペラッと、じゃなくて、やや丸みを帯びた立体的なその姿。たった今、人の手を離れたばかりというような皺の加減。隅の方には、ボールペンで計算をした数字の列。こっ、これは！　どう見たって「置いてある」はずないではないか！　さあ、あなたならこんな時、どうしますか？

固まりましたね、わたくし。おそらく五秒間ほど。次の五秒であたりを見回す。人気はない。ここは平日の、とくにお昼休みなんかはサラリーマンやブティックのお姉さんでいつも行列なんだけれど、今日は祝日で誰も入ってこない。そのことに安心すべきなのか焦るべきなのか。封筒に視線を戻す。きっと持ち主が戻ってくるだろう、血相を変えて。その時私がこの封筒を手にしていたら、ちょっとそれ、僕のなんですけど、持って行こうとしてたでしょ？　ってことになるよね。だから触ってはいかん。指先が触れたその瞬間に、駆け込んでくるかもしれない。しかし待てよ、私がこの封筒をこのまま置いていったら。次にやってくる人は、私みたいな正直者じゃあないかもしれない。素知らぬ顔でもらって行っちゃうかもしれない。それはダメだ、やっぱり私が交番に届けなきゃ。一番近い交番はどこだっけ？　ああ、あの大きな交差点のところにあったな。いやいや、だけど。このＡＴＭの前は閑散としているが、外は祝日の買い物客で大にぎわいだ。交番まで数百メートル、銀行の封筒を握りしめて歩くのは目立ちすぎる、しかしバッグにしまうってのも、もうその瞬間に着服したように見えるではないか。私ね、一応女優っていう、顔を見れば認識される職業やってるので、そんな悪いことするわけないじゃないですか、なあんて言ったって信じてもらえる保証はない。あ、交番まで走ってお巡りさんをこっちに呼んで来たら？　いや、その数分の間に封筒が消えてしまうかもしれぬ。きっと封筒を忘れた人は困ってるぞ。焦ってるぞ。さあさあどうする？

数十分にも思える葛藤の末（おそらく三十秒以内）、ひとまず、意を決して、封筒をちょっぴり持ち上げてみたらば。カラ、だった。ああ、本当に本当に良かった。

いやもう、去年北京の映画祭で、壇上で中国人の映画監督と英語で掛け合いしてくださいって原稿を渡された時くらい緊張したわよ、あなただったらどうする？ と娘に話したら、「ATMのところに緊急ボタン付いてるじゃん。その近くにインターフォンがあって、あれ、銀行の人と話せるんだよ。休みの日でも誰か出るんじゃない？」と模範解答が返ってきた。そ、その手があったか。でもね、その場にいたらとっさに思いつかないもんなのよね。あなたなら、どうします？

誠実な隕石

出かける予定のない朝は、家族を送り出した後にゆっくり新聞を読みながら朝食をとるのが至福の時間だ。一般紙とスポーツ新聞を広げた上に無印良品のトレーをのっけて、文字通り読みながら食べる。たまに新聞にコーヒーをこぼしたりパンくずを落としたり、お行儀が悪いけどどうしてもやめられない。と、今日のテーマはお行儀じゃあなくて。ふと目にしたスポーツ新聞の記事が、どうも気になる。

昨日行われたイベントにある俳優さんが登場した。お酒の宣伝イベントだったこともあり、彼の口は滑らかだ。共演の若い女優さんにバーでの飲み方なんかあれこれ語った挙げ句、彼女に「あなたの画像いろいろ見てますよ、結構胸大きいですよね」とおっしゃったと……。うっわー、このセンシティブなご時世になんとまあ大胆な発言を。ここではっきりさせておきますが、私はこの俳優さんを好きである。日頃から堂々とエロ全開なところもなおさら格好いい、ガンガン放出して日本のエロを活性化させてくれ〜、とか思って尊敬している。相手の女優さんがその言葉をどうとったかもわからないし、他の参加者がどんな反応をしたのかスルーしたのか、も、わからない。ただ、今のアメリカだったらアウトでしょうね、と思えるこの発言を何の懸念もなしに（文脈からそう取れる）「イベントは盛況だった」と面白そうにまとめた記事の、その無頓着さにあきれてしまうのだ。

だって同じ新聞を一ページめくれば、「セクハラ罪という罪はない」と言った大臣や、職員にセクハラ被害を訴えられて渋々やめることになった市長のことを、揶揄した記事が並んでいるのに。表現は自由だ。でも、活字には力がある。今まで気付かなかったけど、繊細に取り扱うようにみんなで考えていこうよ、とせっかく盛り上がっている機運を台無しにするような、それで報道人としての矜持はいかに？

セクハラというのは、空からいきなり降ってきた隕石じゃあない。もとから、大小の石は地球上にあったのだ。大きな噴石に当たれば命に関わるが、京都のお庭に置けば素敵な景色になる。五ミリの小石の欠片でも、靴の中に入っていたら取り除かないと歩けない。排除すべきものとそうでないものを見極めるのは、シンプルだけれど難しい。

そのイベントに参加していたのが私だったら、と想像する（胸大きいですね、とは絶対言われないはずだけど、まあ仮の話）。褒められたと喜ぶだろうか、どこ見てんのよこのエロオヤジ、と憤慨するだろうか。いやきっと、ええ〜何言ってるんですかあ、なんて笑って済ませちゃうんだろうな。もやもやしながら。ずっとそうしてきた。それって卑怯だったのかもしれない。臆病でもあったし、それに無知でもあった。しかし私も活字を使わせてもらってるハシクレだ。もう苦笑いでやりすごすのはやめにしたいと思う。自分の気持ちにもっと繊細になろうと思う。石を踏んだら痛いって感じたい。そしてその石を蹴飛ばすんじゃなく、なぜ痛いのか、良く見て考えたい。試しに磨いたらダイヤモンドになっちゃうかもしれないしね。そうすることが、私の誠実だ。

大人の水着事情

夏だ。海だ。水着だ！　梅雨空を見上げながら胸騒ぎのこの頃。べつに、ちゃんと休みをとってリゾートへ行くってわけでもないんですけどね。去年は夏の間中ドラマの撮影があって娘たちのおもてなしはパパにおまかせだったし。私は大阪のホテルのプールでウォーキングするための競泳用水着とゴーグルだけあればよかったのだった。しかし。ファッション誌で「大人こそ大人にふさわしい水着が必要」なんて特集を見ちゃうと、そうよ、そうよね！　と背中を押される。十年前に買った小花柄のビキニじゃあ、ちっとも大人じゃないわよね。

え、ビキニなんて着るの、と思われたそこのあなた。いえね、ビキニ「だけ」でいる時間はほんと、短いんですのよ。私はだいたい海辺へ行くと（それがハワイだろうと逗子であろうと）、朝起きて水着の上にシャツをひっかけて短パンをはくか、ペロッとワンピースをかぶって一日中着たり脱いだりしてすごす。だから水着は上下分かれてないといけないんです。と同時に、うんと面積の小さい三角形だったり、みんなこっちを見て！　と主張するデザインである必要もなくて。適度にスポーティでなにげなさを装いつつ、エレガントであるべし。と、雑誌には書いてある。

セレクトショップでちょうどいい感じの一揃いをみつけて、さっそく試着室を使わせていただく。カーキ色の無地だなんて、いいんじゃない、大人じゃない。「お客様、おサイズいかがですか？」はあい、サイズはちょうど、いい、と思うんだけど、あれ？　色も素敵だし露出もほどほどだし、だけど、なんだか、あれれ？　予想と違うっていうか、かっこよくないっていうか、み、みすぼらしい……？

女優は照明の効果をイヤという程知っている。試着室ののっぺりとした明るさは、あまりにも無慈悲だ。ゆるんでくすんで乾いた肌が無残に晒け出される。こんなことになっていたとは。あまりにも想定外だ。水着ってのは、真夏の太陽の光で自他の目をごまかしながら着るものだったのだな。

そうして私は友達んちのサミーを思い出した。フレンチブルテリアのサミーはピンク色でまるっとしていて、ちょっとした子豚だ。彼女の家の近所にはなぜだかトイプードルばかり住んでいて、散歩に出るとそれはたくさんのトイプーちゃんに会う。サミーはトイプーちゃんばかり見ているので、自分もああいうルックスなのだと信じている。だから帰り道、ショーウィンドウに映る自分の姿に「なんだこの物体は！」と驚愕し、そののち「誰よあんた、ブサイクね」と威嚇するのだそうだ。

サミー、あたしたち同類よ。あたしも四六時中、うちの女子高生たちのぱつんぱつんの太腿やぷりっぷりのお尻を見慣れてるから、自分もそのつもりになってた。イメージの中では、ぱつんプリプリの自分にカーキ色のビキニ着せてた。ああ、せつない。

「お客様、別の商品お持ちしましょうか？」カーテンの向こうから丁寧な声がする。ありがとう、いいえ、あの、自分の目を、自分に慣らしてから出直してまいります。

旅行革命ふたたび

ドラマのロケで北海道へ行き、思いのほか早く終了したので予定を繰り上げて一足先に帰らせてもらうことになった。飛行機の予約変更手続きをしているマネージャー氏に、「スマホにＪＡＬのアプリって、入ってます？」と、ダメもとだけど、って感じで聞かれた。ほおら、出ましたよ。航空チケットも、アプリで管理。近未来の旅行術。私がそんな最先端のものを使いこなしてるわけないじゃん、と涙目になりながら、じゃあまず App Store へ行って、というところから教えてもらう。小さい画面にたくさんの数字やアルファベットを打ち込んで、するとなんということでしょう。あなたが乗るのは予定より一便早いこの飛行機、座席はこれね、良かったら機内サービスなんかチェックしてみる？　とご親切な情報がピローンと現れるのだ。もうほんと、すごい時代です。

そういえばこの間アメリカの空港で、かっこいいお兄さんを見たのだった。ちょっとアイビーカットみたいな髪型で、若いのにジャケット着ていて、アルトサックスらしき楽器ケースをひとつ担いだだけで手ぶらで、出国審査のところでスマホをピローンとやって通過していった！　もうなんか僕、移動の多い売れっ子ジャズマンなんで、いつもこんな感じっすよ、と言いたげなイケメンであった。あれはなんだったのだろう。チケットだけじゃなくてパスポートの機能も入ってたのかな。まさかね。eチケットのプリントアウトを握りしめた昭和女子には、ハテナとハートが降り注いだのであった。

そのアメリカ旅行ではこんなこともあった。大雪で予定していたイベントが全部キャンセルされてしまって、そうだ、じゃあブルーマン観にいっちゃう？　と急に思いついて調べてみたら（スマホで）、すぐチケットを買えた（スマホで）。座席も指定できた（スマホで）。そうして劇場の入り口でスマホの画面を見せれば、チケットを切ってもらったことになるのだ。すごーい。

あ、でもさ、全部スマホになっちゃうと。最近観ているアメリカのドラマで、同僚に難しい仕事を頼むのに、相手の好きなバレエのチケットをちらつかせて「これでお願い！」っていうシーンがよく出てくるんだけど、その技は使えなくなってしまうよね。あと、連続ドラマの最終回で、一緒に来てくれるなら空港で待っているよ、と恋人にパリ行きの航空券を渡して、さあ成田空港の出国ゲート、刻一刻と離陸が迫る。雑踏の向こうに彼女は現れるのか？　主題歌スタート！　なんていう胸キュンシーンも作れなくなるのではないか？　それともチケットの入ったスマホごとプレゼントするようになるのかな？

道具が進化すると、娯楽の形も進化する。いろんなことがダイナミックに変革する過渡期を、我々は目撃しているのかもしれない。好きとか嫌いとか言ってる余裕はない。なにか大きなものがぐわんと動いちゃってるんだもの。だけどこの大波、乗りこなせるのか昭和女子？

新千歳空港のカウンターで「タッチ&ゴーにしますか、プリントしますか？」と聞かれた。選べるのなら、やっぱりねえ、と紙のチケットを握りしめてゲートに向かう。私のタッチ&ゴーデビューはいつになることやら。

憧れのサウスポー

椅子から落ちた。冬用のあったかシーツをまとめて洗って、クローゼットの一番上にしまおうとして、きちんと踏み台を使わずにイームズのレプリカチェアなんかに乗っかったのがいけなかった。椅子ごとシーツごとひっくり返った。倒れた椅子の脚が右目のまぶたをシュッとかすめる。ああ、切れたな。ボクサーみたいにパックリ割れて流血だな。明日の撮影まさかの中止？ と焦ったが、蚊に刺されたくらいのかすり傷だった。それより精神的なショックでしばし立ち上がれないのである。反射神経、柔軟性、いろんなものが自分が思うより衰えているのだと反省すべきか、それとも日頃気をつけて維持している筋力のおかげでこの程度で済んだと喜ぶべきなのかしらん？

あれから二ヵ月、まぶたと心の傷は癒えたが、いまだに右肘が痛い。落ちた瞬間、全体重を右肘で支えたようなのだ。フライパンどころか包丁を持つのも辛いしドライヤーも重いし、眉毛なんか書けやしない。ああ不便。しかし最近の私は切り替えが早い。これはきっと、いままで右利きの私が酷使してきた右腕を休ませておやり、という神の采配に違いないと思うことにする。右が痛いなら左手を使えるようにすれば良いのだ。

かの名作『サインはV』で、バレーボール選手が利き手の右肩を痛めてしまう。チームメイトがお見舞いに来たとき、彼女は左手で食事をしている。そんなに右が悪いのかと心配する友に彼女は、いい機会だから左も訓練しようと思って、ととっさに答える（本当は右肩がもう治らないのに）。というシーンがなぜだか私は忘れられず、なのでいまの気分はジュン・サンダース。いきなり包丁は握れないので、歯磨きを左手でやることにする。

これがねえ、もう、本当に難しい。歯ブラシを握る左手と、口の中のブラシがまったく連動していない。ためしにちょっとやってみてください。もう笑っちゃうくらい、下手くそな歯磨きになります。

日本人のおよそ一割強が左利きだそうだけど、私の周りにはまったく存在しないのだ。家族も親戚も、友達もみんな右利き。なので、左利きってミステリアスな響き。

右脳が発達した芸術家肌で、ひょうひょうとしているのに天才的なひらめきの持ち主（勝手なイメージ）って感じだ。もう無条件に憧れちゃう。

テレビを見ていたうちの女子高生がぎゃあ、と声を上げた。「ママ大変。竹内涼真くんも左利きだよ！　ああんもう」。彼女は、あたしが好きなイケメンはみんな左利き、と言いたいのだ。小栗旬君でしょ、嵐の二宮君でしょ、山Pに星野源様、おまけにリョーマ君まで！　最後の「ああんもう」には、ああ、あたしって左利きのイケメンと結ばれる運命なのね、という意味が込められているのだ。面白いからとっておきの情報を教えてあげよう。「そういえばバナナマンの日村さんも左利きみたいよ」。ヤツめ、しばし絶句しておった。

西瓜追想

酷暑絶賛撮影中。朝の情報番組の司会者が「熱中症の危険がありますから、屋外での激しい運動は控えてください」とどれだけ口を酸っぱくして訴えようと、ロケ隊は進むよどこまでも。我々、出演する側はまだ良いのだ。汗をかいた顔で画面に映らないように（一応ドラマの設定は秋であるし）、汗でシャツの色が変わらないように、周りのスタッフが扇子であおいだり保冷剤を首にあてててくれたり、至れり尽くせりだから。暑いなんてグチったら、汗びっしょりで走り回っているみんなに申し訳ない。あどうか、誰も倒れず今日も無事に過ごせますように。

昼休み、「監督からスイカの差し入れで〜す。切ってありますから取りに来てくださ〜い」と声がする。台本なんか読んでやり過ごそうとする、私。「ホナミさんも一切れどうぞ〜」。あ、実は私、スイカがダメなんです。ごめんなさい。「ええっ嫌いなんですか？　じゃあキュウリやメロンもダメ？」。いやあ、キュウリもメロンもトマトも大好きなんだけど、スイカだけは。味も香りも見た目も苦手で。スイカ農家さんごめんなさい。え、理由を教えろ？　話、長くなるけどいいかしら？

あれは高一の夏のこと。一年間だけ入っていた放送部の懇親会で、相模湖の近くの河原へキャンプに出かけた。水辺でふざけたりバーベキューをやったり、そして食後のスイカ割り大会が始まった。私の番がやってきた。目隠しをされ、そろそろと前に進む。周りでいろんな声がわんわんと鳴る。指示に従って棒を振り上げる。思い切り、振り下ろす！　その時私には見えたのだ。目隠しの手ぬぐいを通して、砕けたスイカのカケラがぴよ〜んと宙を飛んで、私のスニーカーのつま先にぴとっと落ちたところが。白い、キャンバス地のスニーカーだった。見下ろした足元の光景を今もはっきりと覚えている。目の粗い真っ白な布地に、じわじわと真っ赤なスイカの汁が染み込んでいった。うわあ、きもちわるい、と思って、それ以来スイカを食べられなくなった。

スイカに罪はない。ただ、生々しいイメージだけが強烈だった。年をとるにつれあの時のことを分析すると、あの真っ赤な汁が、十五歳の少女に血液を連想させたのではないかと思うのだ。激変する自分の身体にまだ慣れていない、血液に振り回される十五歳。あまりなじめなかった、だから一年でやめてしまった部活の、居場所のない感じ。三年生なんかもうすっかり大人で、Tシャツの下の欲望を隠しきれていない男たちと女たち。そんなこんなへの嫌悪感と居心地の悪さが、あのスニーカーの光景に集約されているのではないかと思う。

うちの家族の半分はスイカ好きだけど、たまに頂き物があっても、私は切るのもイヤ。どうぞ食べたい人が切って、それでもって使った包丁とまな板と、お皿もシンクも全部洗ってくださいね、と逃げ回る。夏が来るたびスイカから逃げ回り、そしてあの、殻の内側で青く硬かった十五歳を思い出してどこかがツンとするのだ。

おばちゃん力？

美容院に行ったら、床の上に赤ちゃんがいた。えっちょっと待って赤ちゃん？　二度見！　すると、やっぱり、いた。床にカラフルなスポンジのマットを敷いて、美容師のおねえさんに抱っこされた、赤ちゃん。まだおすわりができないくらいの、生後六ヵ月くらいかな？　カット中のお母さんと鏡越しに目が合っているようで、ご機嫌みたい。

このお店では金曜日の早い時間にベビーシッターサービスをしているのだそうだ。いいね、それ、すごくいい。オムツなんかも替えてくれるの？「普段はプロのベビーシッターさんが来てくれてますから、もちろんオムツでもなんでもやりますよ。今日はたまたまシッターさんがお休みで、うちの若い美容師がお世話してますけど、といってもおりこうな赤ちゃんで。時々大泣きしちゃう子もいますけど、その時はお母さんに交代して。お母さん、パーマのロッドつけたまんまとかですけど」。そのおおらかな感じ、実にいいねえ。

　私なんかさ、出産して最初の三年くらい、まともに美容院に行った記憶が無いもの。うちは特に、立て続けに三人だったから、もうなんか自分のことにかまけていられなかった。下の子が幼稚園に入った頃に久々にデパートに行って、うわあ、Tシャツ以外のお洋服とか化粧品とか買うの、何年ぶりだろうって感激したのだった。

　夫の名誉のために言っておくけど、彼はとても子ども好きで、オムツ替えも上手でした。しかし、当時彼はものすごく忙しかった。おまけに時間も曜日も不規則な職業だから、いつ手伝ってもらえるのやら、アテになりゃあしない。いきおい、全てを自分で背負う。毎日、体力と精神力の限界。ああ今日もなんとか生き延びた、と寝床に倒れこむ日々だったわよ、と、子育ての苦労話は何年たっても尽きることがないものだ。

　今ならわかる。背負いこまなくて良かったのだ。できないよ～って騒いで、人に甘えて、頼って良かったのだ。もっとラクに呼吸をして、おおらかでザツで良かったのだ。娘を取り上げてくれた産婦人科の先生が「お母さんじゃなきゃダメなこと以外は、人にまかせていいのよ」っておっしゃってた、でも当時はその意味がわからなかったのよねえ。追い詰められてキツく当たっていたかもしれない、ごめんよ娘たち。

美容院の赤ちゃんは一度もグズることなく、綺麗になったお母さんと穏やかに帰っていった。えらいねえ。でも、泣いたってぜんぜんかまわないんだよ。通りすがりのこんなおばちゃんで良かったら、喜んであやしてあげるんだから。この間飛行機のなかでずっと泣き止まない赤ちゃんがいて、お母さんオロオロしていたけれど、あたしゃあよっぽどアメちゃん持って駆けつけようかと思ったよ。ベビーシッターだなんておカタいこと言わないで、そこいらのおばちゃんを頼ってくれてかまわないのよ。おっと。完全に、アテにされるおばちゃんモードになってる自分に、一抹の切なさを感じる今日この頃。

せいめいのれきし　コットン編

コットンの花は、ハイビスカスに似ている。意外だな、と思って調べたら、同じアオイ科なのだった。そうだ、タチアオイにはもっと似ている。

そのタチアオイに似た花が落ちて、実がなって、種子のまわりに綿毛ができて、あるときそれがポンと弾ける（らしい）。収穫されたコットンの実って、そりゃあもう可愛い。赤ちゃんの握りこぶしくらいに丸まった綿に、茶色くひからびた果皮がちょこんとくっついていて、なんともフォトジェニックなのだ。おまけに名前が「コットン」でしょ。「良い繊維」という意味のアラビア語が語源らしいけど、アラビア人たらめっちゃセンスいいじゃないの。語感からして、清潔でこぢんまりしてあったかくて無邪気で、お日さまっぽいニュアンスがあるよね。

今から八千年か、それより少し前の、メキシコあたりのどこかで。秋のある日に最初にコットンをみつけたのは、きっと草むらで遊んでいた子供たちに違いない。風に揺れる枯れ枝の先端の、なにやら白いかたまり。触るとやわらかい。こりゃ、なんだ？　持って帰ってママに見せ……いや、その前に集めたな。子供は、集める。藪の中を探索して、白い実をどんどん集める。友達やきょうだいと競争して、両手のひらに、両腕に、かかえきれないほど集めて、無性にうれしくなる。それから、子供は、分解する。白い球体の中がどうなっているのか知りたくて、どんどんむしってゆく。ついでにちょっと味見もしてみる。べつに、美味しくないし、飲み込めないな。これはおやつにはならないな。ぺっぺっ。球体の中にも、なにもない。むしったふわふわが風に舞う。楽しくなってしばらく綿毛飛ばしで遊ぶ。宙に浮いた綿毛をまたいそいで集めて、大きなふわふわにして頭にかぶったり、ぎゅうっと小さく固めて鼻の穴や耳の穴に入れたりして、みんなで変な格好になって大笑いしながら家に帰る。子供たちの大盛り上がりの訳を知りたくなったママたちが彼らの戦利品を見て、そうして思いつく。いつも身につけている獣の皮や樹皮や麻の内側に、このふわふわしたものを入れたら、横になるとき身体の下に敷いたら、気持ちいいんじゃないかしら？　これぞ、人類とコットンの奇跡の出会い。って、想像だけど、きっとこんな感じだったんじゃないだろうか？

現生人類のやわらかくて寒さに弱い肌に、これほど相性が良いなんて、もしかして私たちのために進化してくれたの、コットン？　と思っちゃう。でもそれは、人類のうぬぼれ。私たちは、銀河系が目指す最終形じゃあない。たまたま、ひょんなことから存在しているだけだ。もしあの時、六千五百万年前に巨大な隕石が地球に衝突しなかったら、その後もずっと恐竜の時代は続いていて、彼らは身体を保温する必要はないから、コットンの今の繁栄もなかったに違いない。それとも、進化するにつれどんどん繊細になった恐竜の子孫がコットンシャツを羽織ってパソコンに向かっているだろうか。それも、ちょっと見てみたい気もするけど。

玄米生活

玄米歴、かれこれ十八年になります。

きっかけは「マクロビ」という言葉を知ったことであった。二十代の自由奔放な食生活を経て、娘を産んで、はたと思った。この子の爪も髪もぷくぷくのおなかも脳みそも、百パーセント私が与えた食物でできているではないか！ 何を食べさせるか、母乳を出す私が何を食べてるかは大問題ではないか！ 「You are what you eat」が目の前にいる！ こりゃあ大変なことだ、と食生活を見直す気になり、見回してみれば世間はマクロビブーム。レシピ本がたくさん出ていて、マドンナのお抱えマクロビシェフだというカッコいい女性がいらしたりして。いろいろ勉強して、けっこう厳しいマクロビ生活をやってみたのだが、一ヵ月でギブアップした。なんだかスタミナ切れになってしまった気がして、乳飲み子を抱えた身にはちょっとしんどかったのだ。

これは体調が悪い時に整える意味では良いかもしれない、でも今のところは肉食に戻そう。それでも食物の陰陽とか丸ごと食べることとか調味料や添加物のことを学んだのは無駄ではなかった。そして玄米の美味しさを知ったのだった。

たいてい一度に三合の玄米を小豆と一緒に炊いて、お茶碗一杯分ずつ小分けにして冷凍しておく。半分は梅干しや塩昆布や胡麻を混ぜておにぎりにして、そのまま冷凍する。これは朝早くに出かけなければならない時とても便利。チンしてそのまま持っていけば車の中でも朝食をとれます。

家で食事をする時は、納豆だろうとカレーだろうとイクラ丼だろうと玄米を食べてる（実際のところイクラに玄米はあんまり合わないのだけれど）。とは言っても、制限しているわけではないので栗おこわはもち米で作るしパスタも喜んでいただくし、パン・オ・ショコラの誘惑にはいつまでたっても勝てない。お寿司屋さんへいけばぴっかぴかの白米を堪能します。ただ、美食が続いて体が重くなったと感じた時にシンプルに玄米を食べるとホッとして、そしてなんたって快腸なのだ。すごいぞ玄米。

さてこの玄米を、私はこの十八年間お気に入りの圧力鍋で炊いていた。ドイツ製の、小ぶりながらずっしりと重いニクい奴。一生付き合っていく相棒だと思っていたのだが、最近どうにも地肌が荒れて玄米が焦げ付きやすい。把手もグラグラしてきた。みかねた夫が「貯まったマイルを交換する品のリストに、圧力鍋あるよ」と言うのでつい お願いしてしまった。まだ使える鍋をお役御免にするのは心苦しいよなあ、と思いつつ、到着した新品くんを紐解けば、その軽いこと！　そして前よりずっと短い時間でふっくらやわらかなごはんが炊けるのだ。あらら。私がこの十八年食べてきた玄米はなんだったのだ。この手の道具の進歩って本当にすごい。より美味しく、を、より簡単に。ますます玄米を楽しめそうだ。そして引退するドイツ鍋くんは、感謝を込めてお送りするとしよう。十八年使ったもんね、勘弁してくれるよね。

あたらしき季語

秋深し　ココナツオイル　白む朝

朝起きて、お手洗いを済ませて、お湯を沸かしに台所へ向かう。やかんの隣で待っていてくれるのはオーガニック・バージン・ココナッツオイルのガラス瓶だ。スプーンで一杯すくってパクッと口に含む。歯磨きの後にゆすぐ要領でクチュクチュしながら、やかんに水を注いで火にかけて、おにぎりの具は何があったかなあ、と冷蔵庫を覗く。水切りかごで乾いてるお皿を食器棚に戻したり、お弁当箱を出したり、カーテンを開けて天気が良ければ窓を開けたり洗濯機を回し始めたり、寝ぼけ眼でそこいらをうろうろしながら、口の中はずっとクチュクチュ。お湯が沸き始めたらやかんの蓋を開けて、しばらく空気に触れさせて、できた白湯を保温ボトルとマグカップに注ぐ。その間もずっとクチュクチュ。十五分くらいやってます。気が済んだらペーパータオルにピッと捨てて、ぬるま湯でうがいをして終了。はあーさっぱり。

三年くらい前にこの「オイルプリング」を教えてくれたのはエステのゴッドハンドだった。「寝ている間に増殖した口の中の雑菌を洗い流してくれるんです。それに、歯が白くなるんですよぉ」って、プロに言われちゃやあやってみるしかない。気をつけなきゃいけないのは、オイルをシンクに流さずに捨てること。ココナッツオイルは二十五度以下で固まるので、パイプを詰まらせてしまうのだ。

えっ油で口をゆすぐの？　と思われるでしょう？　私も初めのひとさじを口に入れる時はドキドキだった。どうやって呼吸をすればいいのかわからなくなって焦ったり、つまずいた拍子にオイルを飲みこみそうになってむせたり、何度か涙目になった。花粉症の時期は最もつらい。両手で口を塞いだままくしゃみをした日にゃあオイルが鼻に逆流しそうになって、あたし、朝っぱらから何してるんだとなさけなくなっちゃう。でもこれがね、慣れてくるとぜんぜん平気になるんですよ。そしてうがい後のさっぱり感にはもう、やみつき。今じゃあ旅先にも小分けのココナッツオイル、必ず持っていきます。

久しぶりに会ったゴッドハンドにオイルプリング続けてます、って話したら、「それなんでしたっけ？」と言われた。まじかー。「歯、白くなりました？」。ううむ、それはよくわからないんだよね、実際のところ。ただね、この儀式を始めてから、私は風邪をひかなくなっていることに気付いたのだ！　インフルエンザからも逃げおおせてる、予防注射していないのに。これはどう考えても、オイルが雑菌を排除してくれている効果ではないか？　それに何より気持ちがいい。私の身体には、合っていると思う。

夏の間透明だったオイルが、この頃瓶の中で白くとろりとしている。明け方の気温が下がってきたのだなあ。本格的に寒くなると、オイルがバターみたいに固まって、それを口の中でじんわり溶かしていくのもまた一興。そうしてある朝、台所で再びじゆわっと溶け始めているオイルを発見することになるのだ。ああ、季節は巡る。

春近し　ココナツオイル　ゆるむ朝

両立しながら活躍すること

新しい内閣ができて、ひな壇に並んだみなさんの写真を見たら、女性が一人しかいなかった。はあああ……。どういうため息だろう、自分でもよくわからないけど。ため息。女性が活躍するんじゃなかったのか。いやね、非常に個人的な意見を言わせてもらえば、仕事ができる人ならば、男でも女でもトランスジェンダーでもなんでもいいと思うの。大切なのは性別じゃなくて、良い仕事をしっかりしてもらうことだと思うから、頭数だけ女性を増やして「ほら、平等でしょ」、って言われたって納得しない。では、あのひな壇は純粋に仕事ができる順の唯一無二の人選なのかしらん？　もしそうだというなら、重責を担えるだけの女性が一人しかいないということで、やっぱりそれは問題だよ。デキる女をもっと増やさなくっちゃ。女子の大学入試の点数を減らしてる場合じゃあないよ。むしろゲタを履かせてバンバン進学してもらってお医者さんも政治家もどんどん育てなくっちゃ、欧米並みの男女比率にはとうてい追いつかないであろう。「欧米並み」が良いのかどうか、そこはまた別の問題として。でも少なくとも、そこへ向かおうとしているんだよね、私たち？

主婦の就活をテーマにしたドラマに出演したので、たくさん取材を受けた。女優と主婦の両立、大変ですね、と必ず言われる。トーク番組のディレクターさんも「どうやって両立させているのか、そういう話が主婦の共感を呼ぶんです」、とおっしゃる。「両立」？　しているのかできているのか、ぜんぜんわからない。家事をする時間、ということなら、ある日は百で、ある日はゼロだ。ファッション誌の撮影でびっくりするような値段のジュエリーを身につけた三十分後に、家に帰ってゴージャスなメイクのままお風呂掃除をしてる自分が可笑しくなっちゃう日もある。ドラマのロケが長引いて、デパ地下でお惣菜を調達して娘の部活に駆けつける日もある。二足のわらじを上手に履いているつもりは、まったくない。

知り合いのシングルマザーはフルタイムどころか、残業・出張なんでもありでバリバリ働いている。二人の子供は小学生で、シッターさんも家政婦さんもどんどん使う。子供達は明るくて元気で、しっかりものだ。トイレ掃除はお姉ちゃんの役目で、毎週土曜日は掃除を済ませたら遊びに出かけて良いというのがママとの約束だ。こういう母親を、両立させていると言うのか言わないのか？

件のディレクターは男性だった。思い返してみればその時のプロデューサーも司会者も、一人の未婚女性を除いては全員男性であった。だから偏った見方をされたのね、なんて偏った見方はしたくない。でも彼らに問いたい。お父さんとテレビ局員の両立、大変ですか？　夫と演出家の両立はできてますか？

外で働く女は両立させねばならない、という紋切り型の思考から抜け出したいよ、いい加減。その方法はきっと色々あるけれど、ひな壇にたくさんの女性が並ぶってのもひとつのわかりやすいアイディアなんじゃないかと思うのだ。

豆花外交

豆花という食べ物をご存じでしょうか。豆乳を焼石膏（って字で見るとなんか食べ物じゃないみたいだな）や、にがりなどで固めた、いわば甘くない豆腐プリン。中国には塩味や辛いバージョンもあるみたいだけれど、台湾ではおもにうす甘いシロップをかけて小豆やピーナツをのせるおやつです。だいたい台湾って、なんでもうす甘い。パンも、お茶も、葱餅も。南の島だからかな。日本でも東北地方の味付けは塩辛いものね。

台北で、現地に住む知人が「絶対美味しいから」と教えてくれた豆花を探しに行った。市場にあるということまではわかってるのだけど、いったい市場の中のどこなのやら、グーグルマップもお手上げ。ぐるぐる歩き回った末に、まさかあの路地か？従業員通用口にしか見えないけど？　という暗がりを探索してみたら、ありましたよ、豆花屋。ギリギリ十人座れるか？　という店内は満員で、お持ち帰りの客も続々とやってくる。これは期待できそうよ、と我々も並ぶことにする。

食べ終わった先客が立ちあがったかな、と思った時だった。私たちの横にいたご婦人がすうっ、と中へ入ろうとした。咄嗟に我が友人が立ちふさがった。「おばちゃん、うちら並んでんねんで。横入りはあかんで」。彼女は台北入りしてからこっち、タクシーでも食堂でもずっと関西弁で通しているのだ。「うちら今座るし、あんたもこっちに並び」。するとご婦人、言葉のわからない観光客を気の毒に思ったか、私たちをテーブル席に手招きして、自分は旦那さんとカウンター席に座ろうとしている。いやいやちょっと待って、よく見ればご年配だしお孫さんも連れてるし、「おばちゃんたち、テーブルに座りいや」。しかし老夫婦はニコニコしてカウンターに陣取り、どうやら私たちの分まで注文をしてくれ（メニューは豆花一種類しかないので）、おまけにお父さん、財布を出しているではないか！

「あかんあかん、うちらちゃんと払うしな」、といくら言うても老夫婦はニコニコ。そして言わはった。「おきゃくさん、ウエルカム」。おおおお。おもてなし、されましたー。台湾のお年寄りは日本語のわかる方が多いそうだ。どうお礼を言ったら良いものか、「謝謝」しか思いつかず、こういう時に差し上げられるもの、千代紙とか扇子とかアメちゃんとか、なんにも持ってへんしなー、大人のたしなみ、身につけなあかんなー。とにかく筆談と関西弁とご夫婦のカタコト日本語でコミュニケーション開始。「多謝」「豆花美味」「台湾愛」。ご夫婦は日本が好きで年に五回ほど出かける、時には一ヵ月の「自由旅行」をするらしい。なんやおっちゃん、セレブやんけー。

大笑いしながらの豆花は最高に美味しかった。私たちはご夫婦の名前を聞いてお礼をしたいと思い、そして少し考えて、やめた。今度東京で、困っている観光客を見かけたら、気持ちよくあんみつの一つもご馳走しよう。それが台湾からの人たちだったら、豆花屋でお世話になったうれしい話を伝えよう。いつの日か豊洲あたりで「自由旅行」中の彼らにばったり会えるかもしれない。もしくは数十年後に、あの時のお孫さんたちに。そしたらスマホの記念写真を見せて、素敵なじいじとばあばだったね、って話をしよう。そんな奇跡が、けっこう起こりそうな気がする。

郵　便　は　が　き

料金受取人払郵便

銀座局
承　認

2730

差出有効期間
令和４年11月
30日まで

（切手不要）

100-8788

304

（受取人）
東京都千代田区大手町1-7-1
読売新聞ビル 19階

中央公論新社 販売部
『獅子座、A型、丙午。』
愛読者係 行

お名前《フリガナ》

男・女　　年齢　　　歳

◆ お住まいの地域

（都・道・府・県）

◆ ご職業

1.学生　2.会社員　3.会社経営　4.公務員

5.自営業　6.主婦・主夫　7.パート・アルバイト

8.フリーター　9.その他（　　　　　　　　）

愛読者カード

作品名『獅子座、A型、丙午。』

◆ この本を最初に知ったきっかけを教えてください。

1. 書店店頭
2. 新聞広告
3. 新聞・雑誌の書評
4. テレビ番組での紹介
5. ネット書店
6. インターネットの記事
7. 鈴木保奈美さんのＳＮＳ
8. その他ＳＮＳ
9. 知人の紹介

◆ どんな方のエッセイを読んでみたいですか。

◆『獅子座、A型、丙午。』の感想をお聞かせください。

入いただいた個人情報以外の内容は、広告等、書籍のPRに使用させていただくことがございます。

アンケートにご協力ありがとうございました。

馬と私の仕事

「第6話の依頼人は乗馬クラブのオーナーという設定です。乗馬シーンの撮影ありますから」と聞いて、ひええたいへ〜ん、と言いながら心は躍る。あたくし趣味は乗馬なんですの。そもそも〝ひのえうま〟生まれですしね。初孫誕生に喜んだ祖父が記念に作って親戚に配った馬の置き物を、今も大事に持っていますもの。ああ撮影が楽しみ、自主練に行っちゃおっかな〜。しかし、実は長いこと、馬にはトラウマを抱えていたのだ。

あれはこの世界に入ってすぐのこと。武田信玄の娘という役をいただき、戦のシーン用に乗馬の練習をすることになった。通うようにと指示された牧場は、やたらと遠かった。乗馬クラブなどという華やかな雰囲気はなくて、ただ馬場と、厩舎と工事現場みたいなプレハブの控え室があるだけの殺風景な場所。先生は無愛想で怖くて、馬の止め方だけ教えてくれてあとはぐるぐる周回するのみだった。つまらなくて馬の大きさが恐ろしくて、嫌で嫌で仕方がなかった。今思えば先生だって、どこの馬の骨ともわからない無愛想な新人に丁寧に教える気にはなれなかったのだろう。それに気付かぬ小娘は、仏頂面の内側に閉じこもっていた。

そしてやってきた撮影の日。こちらの嫌な気分は当然馬に伝わる。馬だってこんなヤツ、乗せたくない。いっちょ、脅かしてやるか。そうして私を乗せた馬は広大な富士の裾野を暴走したのだ。落馬こそしなかったものの、怖くて恥ずかしくて情けなくてもうほんと、つら過ぎて涙も出ない。二度と馬になんか乗るものか、そう私は決意したのだった。

ところが二十数年後、織田信長の妹という役をいただき、男勝りに馬を乗り回すって設定なので、しっかり練習してくださいねと言われてしまった。トラウマの話をして丁重にお断りしようとしたが、大丈夫、ちゃんと教えますから、とおっしゃる。大河ドラマの武将役の俳優さんたちを、毎年大勢教えてますから、安心して来てください。

指示されて向かった牧場は、草花が咲き乱れ、大草原の小さな家みたいな丸太造りのクラブハウスに一日中カントリーミュージックが流れていた。馬が好きで仕方ないおしゃべり好きのオーナーと気のいいおばあちゃんがいて、そこの家のお嬢ちゃんは小学校から帰ってくるとミニスカートのまま裸馬に飛び乗ってビュンビュン走り回っている。なんだ、ここは。日本か？　カウボーイハットにウエスタンブーツというコテコテの出で立ちの先生は笑顔を絶やさず、いかに馬と一体化するかを親切に教えてくださる。それは彼らにとって仕事だからだ、もちろん。最重要課題は俳優に怪我をさせないこと、そして俳優と馬が最大限の力を発揮して良いシーンが撮影できること。そのために心を砕き、居心地の良い環境を作る。その根底には、馬への絶対的な愛がある。

「仕事」の真髄がここにあるなあ、と思った。愛と、親切、それを支える体力。善意ではなく報酬を媒介にするからこその、自律と尊敬。大切なのは職種じゃなくて職場だというのはこのことだなあ。彼らの仕事ぶりと乗馬に魅了されて、その後も時々家族で遊びに行くようになった。乗馬の腕も順調に上達していた、はずだったのだけど。

なにせここ数年、夏休みに仕事していて、行けてないのよ、牧場。おまけに私が教わったのはウエスタンという乗り方なんだけど、今回の撮影はブリティッシュスタイルですって。ひええたいへん、練習に行かなくちゃ。

幸せの香り

それは潮のごとくひたひたと、いつの間にか忍び寄り、満ち溢れんとしていたのだ。

この前の冬くらいから、なんだか寝室でこもったにおいがするな、と思っていた。前の晩飲み過ぎたか、さては夫が打ち上げで焼き肉屋さんへ行ったな？　それともまさかの加齢臭？　いや、まさかとは言っていられないお年頃だ。てことは、私もにおうんだろうか、がーん。こまめにシーツを洗ったり、アロマディフューザーやファブリーズ的なものを買って来たり、色々試したが一向ににおいは消えなかった。

そんなある日、顔をしかめて夫が言った。「なんかさ、最近部屋がクサくない？」。おおおー、私だけじゃなかった、そして本人も気付くということは加齢臭とも違うようだ（この『婦人公論』を彼が読みませんように。私のページ、切り取っておこう）。

検証した結果、におうのは寝室の手前のほぼ半分。隣のトイレも窓の外にも悪臭はない。二十四時間くさいわけではなくて、おもに夜と雨が降った後、でも台風が来てるのになんでもない日もあるし、ランダムでとらえどころがない。そうこうしているうちにもにおいは強くなる。はっきり言って、お腹を壊した人が用を足して、トイレのドア閉め忘れたでしょ？　みたいな、中二の男子が「くっせえ～」と鼻をつまむ種類のにおいなのだ。深夜に漂ってくると、うなされるほど。私なんかまさに、トイレで自分が用を足している夢見ちゃったわよ。

マンションの管理人さんに相談して、リフォームをした時の建築家と工務店さんも来てくれたのだが、その日に限って！　におわないじゃないか！　マーフィーの法則とかいうやつだ。信じてください、本当にくさくてつらいんです、虚言癖のクレーマー夫婦じゃないんですう。

においというのは目に見えない。そこにあったと証明することも、強さを数値化することもできない。でも確実に私たちの睡眠を蝕む。今や私たちは眉間にシワを寄せ、帰宅するたびにクンと鼻を鳴らしてにおいを嗅ぐのが習慣になりつつある。

そこに救世主が現れた。建築家が方々手を尽くし、臭気検査の業者を探して来てくれたのだ。屋上の通気管の出口側から、エタノールを流し込む。我が家に戻って、問題の部屋のあちこちの床と壁、壁と壁の継ぎ目に手のひらサイズの検知機を近づけると、みるみるうちに！　三百から八百、千五百、と数値が上昇していくではないか！「ああここですね、この壁の裏にある通気管から漏れてますね」。ほうらね！　私たち、オオカミ少年じゃなかったでしょ？

改めて大工さんに来てもらい、管理会社立ち会いのもと壁に穴を開けてみたらば、案の定、通気管の継ぎ目のネジが腐敗して、管がずれてしまっているのだった。「こりゃあにおうわ、長いことつらかったですねえ」と大工さんが同情してくれた。わかってもらえて良かった、うっうっうっ。

金属で破れ目をがっちりカバーして、壁は塞がれた。そうして悪臭のないことの、なんと爽快なことよ！　玄関を入った時の、各家庭の匂い、あれだと思っていたものも、すっかり無い。どうやら認識する以前から敵は侵略して来ていたようだ。今や我々の眠りは確保された。洗剤のCMのように伸びをしたくなる。う～ん、クサくないって、幸せ。

ふと思った。戦国武将に教えてあげたい。いくさをするのに刀はいらない。悪臭が、あればいいのだ。

うちのお雑煮

紅白歌合戦が佳境に入った頃、水を満たした鍋に昆布をぽいっと投げ込んでおく。元日の朝、鍋を火にかけて鰹節を豪快に入れて（ええいお正月だ！）出汁をとる。細切れの鶏肉と、大根は細めの千六本。アクを取って、具が煮えたら醬油で味をつけて、同時進行でトースターで焼いた餅と一緒にお椀によそって、去年のうちに茹でておいた小松菜かほうれん草をぱらり。ちょっとナルトなんかのっけたりして。大人は結び三つ葉が欲しいところだけど、お子ちゃまチームに不評だからやめておくか。と、うちのお雑煮はこんな感じ。おそらく典型的な関東の味、何の変哲もなく。

もしかしたらお雑煮こそが、郷土の味、いや「家の味」をかたくなに象徴するものではないかしら。ラーメンはサッポロ味噌バターコーンも豚骨も喜多方も等しく美味しいと思えるし、讃岐うどんも稲庭も関東の真っ黒うどんもそれぞれ楽しめる（関西人にはあの真っ黒いのは無理らしいけど）。けどお雑煮は誰に聞いたって、絶対「うちの味」を譲らないよね。お店で食べる機会が少ないからかな？　でも素敵な京懐石でいただいた白味噌丸餅のお雑煮は、私には「なんじゃこりゃー」としか言いようのない謎の料理であった。

あれは結婚して最初のお正月を迎えんとする頃。買い物リストを覗き込んだ夫に聞かれた。「この豚肉って何？　焼豚でも作るの？」。ああそれね、お雑煮用の豚小間。するると宇宙人を見るような目で彼は言った。「お雑煮は鶏肉でしょ？」。え？　ちょっと待って、豚だよ、豚肉と大根と小松菜、醬油味。「あとの三つは合ってるけど、肉は鶏だよ。豚なんて聞いたことないよ」。そ、そんな言い方しなくても。私たち、双方東京生まれだ。お互いの両親も、ほぼ東京で生まれ育っている。この違いはどこから？

実家の母は大晦日に大量の豚小間を醬油で煮て、タッパーに入れて寒い廊下の隅で保存していた。固まった白い脂ごと、使う分だけ鍋に取って出汁を足しておつゆにして、大根を入れて煮るのだ。おじいちゃん家でいただくお雑煮も同じだった。ということは、祖父の出身地の仙台か、祖母の埼玉が起源？　と思って全国お雑煮マップを調べてみたが、豚肉を使うところなんてどこにも無い。特に関東は、全面的に鶏肉が制覇しているようだ。そ、そんなあ。三十数年豚小間で育った私の舌をどうしてくれる。いっそのこと二種類作って好きな方を食べるのはどうかとも思ったが、そこまで手間をかけるのも面倒になり、結局鶏肉に押し切られてはや二十年。こういうところ、女性の方が柔軟性があると言えるのか、家父長制に従わされているだけなのか。嫁に行った先でその家の味を作るっていうのもさ、考えようによっちゃあ時代遅れだ。食べたい人が、食べたい味を作れば良い。

お雑煮談義をしていたら友人が急に言いだした。「うちはね、白菜なのよ。鶏でも豚でもいいんだけど、とにかく白菜」。へええ。彼女の出身地、山口県岩国は白菜の産地なのかしら？「違うと思うけど、お雑煮には絶対白菜なのよね。どんないわれがあるのか、今度母に聞いてみるね」。後日お母様から見事な回答がもたらされた。その年たまたま大根がなくて白菜を入れたそうだ。「お雑煮には大根って決まってるじゃないよ」と呆れていらしたそうだ。なぜだかそのたった一度の強力な記憶を信じて白菜のお雑煮を作り続けていた友人。十八年間白菜雑煮で育った彼女の娘。こうやって伝統は作られていくのだなあ。感無量。

New Year's Resolution

今年の課題。私のそれは、インナーマッスルである。何はなくともインナーマッスル。猫も杓子もインナーマッスル。

昨年の夏頃から、前兆はあったのだ。寝床から起き上がるとか、椅子から立ち上がる時にお尻のホッペが痛い。娘に、「なんか最近変な歩き方してるよ。腰でも痛いの?」とも言われていた。なるべく湯船に浸かったり、湿布を貼ったり、暇さえあればストレッチをしたりして、なんとか自力で治そうとしていた、のであるが。

残暑がようやくおさまったある日、何十人もの記者さんと何十台ものカメラを前に小一時間も質疑応答をすることになった女優のアタシ。用意されたのはなんとも半端な高さのスツールで、タイトスカートにハイヒールでその小さな座面にお尻を半分だけのっけて格好良く脚を組んでいなければならないのだった。あのね、ご存知? ただ漫然と脚を組んでいては美脚に見えないんですのよ。組んだ脚を斜めに流して、そして特に上に乗せた脚は、脱力するとふくらはぎが潰れてブサイクになるから、常にほんのちょっぴり浮かせておかないといけないの。プロのモデルさんはその状態で足首までピーンと伸ばして何時間でもキープするっていうじゃないの。いいこと聞いたわ、ってわけでアタシもやってみたわよ。正面でスタイリストさんが、オッケーのサインを出してくれてる。よおし、美脚作戦成功だわ。と思った時だった、激痛が走ったのは。

もうね、お尻の肉をね、巨大な鉄の洗濯バサミでぎゅううっとねじられてるような感じと言ったらいいかしら。レーザービームのような重くて鋭い筋肉の痛み。湿布もマッサージも効かず、日に日に酷くなっていく。身体の痛みというのは容赦無く傲慢だ。毎日痛いっていうのは本当に腹が立つ。やがて悲しくなってくる。この痛みから一生逃れられないのだろうか？　病や怪我の痛みを抱えて暮らす人の辛さはいかばかりか。痛みのない一日がどれほどありがたく貴重なものだったのか。

すがる思いで紹介してもらった名医があっさり診断を下した。「インナーマッスル使えてないねえ」。え、ちょっと先生、私いちおうヨガだのピラティスだの日課にして、そこらの五十代よりは鍛えてると思うんですけど……。「そうね、でもまだアウター使っちゃってるねえ。反り腰だし、ああ肋骨が動いてないね」。肋骨、って動かすんですか？　「肋骨に呼吸を入れるの、腹式呼吸でお腹を膨らませるのはマチガイね」。ひええ。演劇の基本と思っていた腹式呼吸をバッサリ却下。「ちょっと前屈してみて。おお、柔らかいねえ」。だから先生、私カラダ動かしてるし、前屈で手のひらピッタリつくんですって。そこらの五十代と違うんですって。「うん、でも反れないでしょ？　インナーがねえ。もっと早く来れば早く治せたのに、これは時間かかるよ」。いや、なんとか自力で治せないものかと普段に増してストレッチを……。「無理に可動域を広げてはいけません」。

全て裏目に出ていたのであった。とほほ。この話を新年会で打ち明けたら、「そこらの五十代に失礼じゃないよ」と、そこらの五十代に一斉に攻撃された。ダブルとほほ。そうです、私もそこらの五十代です。でもここで諦める五十代じゃあないぞ。かくしてインナーマッスル養成の決意を新たにした年明けであった。

女たちのハイヒール

英国王室は公式インスタグラムを開設していて、そこで時々プリンセスたちや女王のファッションチェックをするのが楽しい。実は結構ミーハーなアタシ。

最近目を引くのは何と言ってもメーガン妃だ。春にご出産というからもう妊娠七、八ヵ月？　結構な大きさのお腹をタイトなワンピースに包み、相変わらずのピンヒールでガンガンお出ましになる。かっこいいぞ。出迎えた人々は妃のハイヒールを見てびっくりした、という記事もあったが、好きな靴を我慢するストレスのほうが胎教に悪い、かもしれない。

なんたってお腹以外の体型はどこも変わらず、それどころかあの、脚！　ピューっと細長くカモシカのような、あの脚は浮腫むってことはないのか？　私なんか妊娠中、当然サリーちゃん足首だったし、スニーカー、しかもワンサイズ大きいのしか履けなかったというのに。

もともとハイヒールは苦手だ。妊娠してない二十代の頃も、撮影で一日ヒールを履いているともう、足がパンパンで痛くてたまらない。休憩時間に冷やしたりマッサージをしてもむくみは取れず、靴が入らなくなってシンデレラのお姉ちゃん状態であった。

そんなわけで日常生活でハイヒールを履くことはないのだが、仕事上は避けられない。去年の後半はずっとハイヒールで闊歩する役であった。恐る恐る履いていたのだが。これが、意外や意外、大丈夫だったのよ。一日中履いていても足が浮腫まない。ふくらはぎもつらない。疲れない。前腿がパンパンに張ることもない。これはきっと、ここ十年くらい地道に続けているヨガやピラティスのおかげで体幹が鍛えられたに違いない。身体って変わるんだわ。これからは、ハイヒールを履きこなす女よ。ごっきげ〜ん、と調子に乗っていたのが良くなかった。腰痛騒ぎで整形外科に駆け込んだわけですね。

外科の先生にインナーマッスルの不備をさんざん指摘されたのであるが、もう一つ衝撃発言があった。「あなたはハイヒール履いちゃダメな身体だねえ」というのだ。な、なんですと！　どうやら、骨盤の形や角度、さらに重心の取り方によってハイヒールに向く身体と向かない身体があるらしい。私の骨盤の形と後ろ重心は、向かないタイプ。例えばうちの娘、部活で膝を痛めて同じ先生に診て頂いたのだが、彼女は骨格は私と似ているが重心の取り方が違うので、むしろハイヒールを履いたほうが身体が楽なはずだという。なんじゃそりゃあ。じゃあさ、デヴィ夫人とか芳村真理さんとか、あのカッコよくハイヒールを履いてらっしゃる先輩方は、ハイヒールのほうが合っている、そういう身体をお持ちだということなのね。あ、あとＪＵＪＵだ！　もちろん見た目も好きなのだろうけれど、きっとハイヒールを履いているほうが身体が自然で、ラクなんだ。

そういえば、思い浮かべた麗しき女性たちはみな、日本人離れした美しいおみ足をお持ちなのだった。やっぱり、ハイヒールは欧米人のような骨格のためのものなのか。その筆頭がメーガンさんというわけね。

しかし、ダメと言われるとやってみたくなるのが負けず嫌いの性。トラッドなファッションが好きだから必要ないわと宣言していたハイヒールに、今私はメラメラ燃えているのだ。

やさしくてむずかしいこと

環状八号線の、世田谷あたりを走っていたのだった、車を運転して。どこからか救急車のサイレンが聞こえてきてドキッとする。前方か、後ろからだろうか？　ああ、バックミラーに赤いチカチカが見える。平日の昼下がりの環八はかなりの交通量で、それでも渋滞はせずにたくさんの車がビュンビュンと走っている、奇跡的なスピードで。日体大の「集団行動」みたいな、誰かがつまずいたら一瞬で崩壊しそうな流れで。

さて、救急車のために道を空けなければ。本当なら左側に車を寄せるんだけど、私は今三車線の一番右にいるから、きっとさらに右に寄って真ん中を空けたほうがいいよね。周りの車、意思の疎通はＯＫ？　と、様子を見てみれば、なんと！　誰も、車線変更どころか、減速さえしていない。ブレーキ踏んでない。赤ランプはずっと後ろの方でつっかえている。なんだか最近、こういう場面に何度も出くわす。

ねえみんな、救急車だよ？　サイレン鳴らしてるよ？　道路交通法第四十条、緊急自動車が接近して来た時は、車両はこれに進路を譲らなくてはならない。だよ？　違反したら六千円の罰金だから、だから道を譲ろうってわけじゃあなくて。なんていうかこれはモラル？　とかマナー？　の問題じゃなかろうか。自分の車が救急車の前を塞いでいて平気でいられるだろうか。ほんの十秒か二十秒、スピードを緩めることができないほどの差し迫った事情がどれだけあるだろうか。もしかしたら救急車さながらに、産気づいた妻を助手席に乗せて一刻も早く病院に着こうとしている男性がいるかもしれない。そういう理由なら遠慮なくかっ飛ばせばよろしい。それとも早くトイレに行かないとおしっこ漏れちゃう、とか。そうじゃないなら急ぎの車に先を譲ってなんの差し障りがあるだろうか？

業を煮やした救急隊員が「緊急車両、交差点に進入します」、とアナウンスをして、ようやく少し隙間が空いた。救急車は首都高速へ入っていく。私も首都高へ、何台かあとをそろそろとついていく。おおっと、「一般」のゲートでお金払ってるぞ。救急車、ETC搭載してないのか？　おかげでETCゲートを通った私の車がまた前に出てしまった。今度こそすぐさま左に寄って最徐行。どうぞどうぞ、お先に行ってくださいね、どうぞお大事に。

小学校の卒業文集に先生が書いてくれた忘れられない言葉がある。「やさしくてむずかしいこと、廊下のゴミを拾うこと」。廊下に落ちているゴミを拾うなんて、誰にでもできるとっても簡単なことだ。運動神経も学業成績も必要ない。時間もかからない。立ち止まってひょいと手を伸ばせばいい。だけど実際に拾う人はなかなかいない。自分が落としたゴミじゃないし、誰かがやるだろうし、別に誰も困ってないし、そんな規則もないし。

規則だからやるのではない。誰かのためにでもない。ゴミを見過ごす自分が嫌だから。その嫌な気持ちはオリのように溜まっていって、いつか自分を沈めてしまうから。それに気付いて、自分を大事にできる人になりなさい。と、おっしゃりたかったのではないかしら。先生、すごい！　深い！　と子供心に感動したあの言葉が、赤い回転灯に蘇って私を少し笑顔にする。

チェンマイでヨガをする

ひょんなことからタイのチェンマイを旅することになった。ひょんなことから十年来の知人であり、しかし旅行どころか二人で食事もしたことがない女性と。彼女はヨガの先生であり、チェンマイにはヨガリトリートがたくさんあるというので、まあ色々と用事もあるのだがそれ以外の時間は一緒にヨガをしに行こうということになった。あ、リトリートってのは、都会の喧騒を離れて自然の中でヨガなどして自分を癒やす場所、ってことらしい。大体のところ。

チェンマイは小さな街だ。その昔王朝の都だったところで、正方形の旧市街の四隅に七百年前の城壁の跡が残っている。海があったらきっとどかーんと巨大リゾートができちゃってたんだろうけど、タイの北の山の方なのでいい感じに田舎っぽい。バックパッカーやリタイアして長期滞在の白人も多いようで、なんとなくヒッピーカルチャーの空気が流れていて、だからヨガも盛んなのかな。インドで修行するほどの本気モードではない私には、ちょうど良いユルさなのだった。

最初に訪れたリトリートは、路地の奥の広い敷地に、昔の小学校の校舎のように平屋の建物がポツポツと建っていた。熱帯の植物がわさわさ繁っている。気の巡りが良さそうだなあ。大通りはものすごい交通量なのに、ここは静かで鳥のさえずりしか聞こえない。庭先で太極拳のグループがゆったり練習している。「こんにちは、十時半のクラスに来たの？　じゃあここにお金置いたらその辺で待っててね」、と言われてベンチに座ってポーッと太極拳を眺める。こののんびりさ。かすかな花の香り。木漏れ日。うわあ、なんという贅沢だろう。全然高級じゃなくてすべてがテキトーなのに、フォトジェニックで。こんなところに毎朝サクッとヨガに来て、それからサクッと仕事に行くんだったら、とても頑丈でハッピーなひとになれそうな気がする。

二軒目は高級住宅地（我々は「広尾」と呼ぶことにした）にある大きなマンションの中のスタジオだった。先生、美人でスタイルばっつぐん。来ている女性たちも今っぽいウエアに身を包んだ「意識高い系美魔女軍団」である。韓国人らしき人や細ーい白人や、聞こえる英語からしてどうやら外国籍マダムが多いらしく、まさに「広尾」なのだった。

最後の一軒家は、アルファベットのスタジオの名が日本語みたいな響きだな、と思っていたら、やはり日本人女性が経営していた。もうチェンマイに十五年も住んでいるという。でも長く外国にいる人の独特な空気はまとっていなくて、今日東京を歩いていそうな、ゆるやかな長い髪と綺麗な肌のロハス美人。さっきまで私たちにヨガを教えてくれていたインドっぽい濃厚なイケメンが、彼女の婚約者であった。「そろそろここを畳んで日本に帰ろうかと思ってるんです」、と彼女は言った。そうして二人でヨガ教室を開きたいのですって。なんかいいなあ、自由だなあ、と思った。帰国の理由の一つは故郷のご両親の年齢的なことだそうで、もちろん気楽なことばかりではないのだけれど、そういう状況をきっかけに人生をゆるやかに移行させていく、固執することなく諦めることなく、きっとそれも楽しそうじゃない？　と微笑みつつ（しかも愛する人と一緒であるし）。

それじゃあ日本でヨガ教室で会えるといいですね、とその場を辞した。約束はしなかった。ご縁があればきっと繋がる。それが旅の流儀というものだもの。

チェンマイでヨガをする　その2

　ひょんなことから一緒に旅をすることになったのは、娘同士が同級生で十年来知っている女性だった。学校ではよく会って話す、けれど旅行どころか食事も二人ではしたことがない、実際のところよく知らないかも？　という間柄だ。本当に急に決まったチェンマイ行きだったので、「旧正月にぶつかるから部屋無くなっちゃうよ」、なんて大慌てでホテルを予約したものの、出発直前になってふと、アタシ、知らない人と二人部屋で大丈夫かしら？　と心配になってきた。

　旅行って実に性格が現れると思う。意外に細かかったり大雑把だったり、荷物の広げ方とかお風呂の入り方とか、街を歩く速度とか好みの気温とか、いざという時の落ち着き（もしくは狼狽え）具合とか。しかも大抵、普段の東京暮らしでは見えない一面が出てきちゃうものなんだなあ。

二十数年前の苦い経験を思い出す。親友と思っていた同士でパリへ行った。二人とも大のおフランスかぶれだったから、そりゃあ楽しくなるはずだった。が、到着してすぐ、彼女が地図の読めない女だということが発覚した。私はといえば、ガイドブックを熟読して、常に自分が地図上のどこにいるか把握していないと気持ちが悪い女だ。いきおい、移動担当は私になる。美術館の後パン屋へ行ってそれから靴を見に行こう、ということになれば、地図と地下鉄とバスの路線図とにらめっこして最適なルートを探す（グーグルマップの無い時代です）。好きでやってるからいいのだ、もちろん。しかしね。友人はなあんにも考えず私の後ろをついてきて、バス停はどこなの？　どのバスに乗るの？　どこで降りるの？　え〜、靴屋が先じゃないの？　だーかーら、言ったでしょうパン屋経由で靴屋だって！　私はどんどん不機嫌になっていった。一方の彼女も、お金の計算が苦手でランチ代の精算を後回しにする、しかも大体でいいよね、という私に苛立っていた。こんなに気が合わないとは。喧嘩をしたわけではない、けれどその旅以降、私たちは少しずつ疎遠になった。

どうしても落ち着かなかったらもう一部屋取ればいいや、と腹をくくって出かけたチェンマイだった。が、同室者は実にさっぱりした女性であった。シャワーお先にどうぞ、というのも気を遣っているのではなく、わたし疲れちゃったから明日でいいよ、という感じ。二人とも髪が短いからラクチンよね、ヨガウエアにすっぴんだし、と身支度にも時間がかからない。そのくせホテルマンへのチップなんかサクッと出てくる。ああ、わたしが苦手な分野。たすかる。彼女は彼女で、ホナミさんタクシーの行き先の交渉なんかできてすごい！　しかも日本語！　なんで今どこにいるかわかるの!?と喜んでくれた。そうして日本から持ってきた白ワインをテラスで飲みながら、好きなロックバンドや映画のこと、若い頃の武勇伝や好みのタイプの変遷について、お互いの実家が実はものすごく近くて中学時代にすれ違っていたかもしれないなんてことを語り合いながら、夜は更けるのであった。

彼女がヨガの先生だからか。おのれを見つめありのまま認める、他者を受け入れありのまま讃える。ヨガ的真髄に私もちょっぴり近づけたのかしら？　まあ、ただ歳をとっただけとも言えるが。それも悪くない。きっかけをくれた彼女には感謝している。旅から帰って、私たちは元のとおりあっさりした関係だ。でも、とてもいい時間を過ごせた。とても、いい旅だった。

地球環境にやさしくありたい

時代劇の撮影のため、京都に来ているわけで。京都のホテルの机でこの原稿を書いているわけで。振り返ると後ろにはまっさらなシーツのかかったベッドがあり、ぽんと一枚のカードがのっている。「新しいリネンでのベッドメイクをご希望の場合には、このカードをベッドの上に置いてお知らせください。カードを置かれなかった場合には地球環境への影響をご配慮いただいたものとし、同じリネンでベッドメイクさせていただきます。」

よく見かけるのは「リネン交換を必要としない場合は、カードを置いてお知らせください」というパターンだ。でもそれだと、せっかく環境のために余分なリネンをご辞退申し上げようと思ったのにカードを置くのを忘れて、部屋に戻ってきたら、あちゃー、ベッドきれいになってるやん、という事態に陥りがち。だからこのホテルだと、出かける前に一度考えて、能動的にリネン替えてください、と意思表示することになる。いいねえ。賢いねえ。慌ててバタバタと、もしくは無意識にカードを置き忘れたら、新しいリネンには取り替えませんよ、と。

日頃から、できる範囲ではあるが、環境保護には気持ちを寄せている、つもり。白湯を入れたマイボトルを持ち歩いているし、どうしても買ってしまったペットボトルは持ち帰ってラベルを剝がし、買い出し用のバッグに入れておく。肉や魚の発泡スチロールトレイや牛乳パックも洗っておいて、スーパーへ行った時まとめて捨てる。自分の行動範囲内の、どのスーパーに回収ボックスが配置されているか、完璧に把握してるもんね。買い物の時はもちろん、マイバッグ持参。スーパーだけじゃなく本屋でも化粧品でも、この間なんか北野天満宮で御守り買った時も、袋あるからいりません、ってお断りしましたわよ。ラップをたくさん使いたくないから、料理の途中の食材には手ぬぐいをのせておくし、子供たちの学校からのお知らせプリントは切ってメモ用紙にしてるし。

仕事柄、メイクする時にはコットンやティッシュペーパーをたくさん使ってしまいがちだし、夜の撮影なんかしてると、おびただしい電力消費量だなぁ、とドキドキする。だからというわけじゃないけど、減らせるムダは減らすよう努めたい。

そんなわけで、このベッドの上のカードもさっさと引き出しにでもしまっちゃって、昨夜とおんなじシーツでいいんですよ、ぜーんぜん、と胸を張りたいところなのですけれどね。

ホテルの醍醐味って、洗い立てのタオルとパリッとしたシーツ、だと思うんだなあ。立地や静かさ、部屋の明るさやお湯の出具合も大事なんだけれど、何と言っても我が家との違いはきれいなリネン類ではないかしら。うちなんか五人家族のマンション暮らし、一日に一人分のリネンしか洗えない。どんなに頑張っても全員分取り替えるのに一週間かかる。天気が悪いとなおかかる。仕事が立て込んでるとさらにかかる。仕方ないから、枕カバーだけせっせと洗う。

私にとってホテルの、スベスベの、シワ一つないベッドに潜り込む瞬間は、至福のときなのだ。それがヘビー級のカツラと着物で首も肩も腰もヨレヨレになって働いた後ならなおさらのこと。だからささやかなわがままを許してほしい。明朝部屋を出るとき、私はこのカードをベッドの上に置いていく。能動的に。意思を持って。

京都ひとり遊び

仕事のためしばらく滞在していた京都で、ぽっかりと一日休みになった。こんなとき、どう過ごす？　と共演の女優さんたちに聞いてみたら、ホテルで静かに読書するわ、とか、抜け殻のようにゴロゴロしてます～なんておっしゃる。ああ、みなさん撮影に全精力を注ぎ込んで、仕事のない日は本当に休息にあてるんだなあ。私みたいにどこ行こう、何しよう？　って考えないんだなあ。いや、観光をしたいわけじゃありませんのよ。ただじっとしていられないのだ。世の中にはまだ見たことのないものがたくさんある。食べたことのないものも。運動して筋肉をつけるのもいい。人に会って話を聴くのもいい。この一日で身につけた何かが、明日の仕事の蓄積になるかもしれないではないか。もったいなくて、居ても立っても居られない。貧乏性というのかしら。

ずっと行きたいと思っていた北野天満宮を訪ねてみた。雨模様で人が少なくて、有名な梅苑もまるでひとりじめ。梅は散りかけていたけれど、びっくりするほど香りが充ちている。平安の人々には驚異のアロマスポットであったことだろう。娘たちに部活の上達の御守りを買う。撮影所のメイクさんに教わった、足腰を守ってくださるという護王神社に行って、夫に腰痛の御守りも買う。

京都に来たら必ず詣でる聖地、樂美術館へも、もちろん顔を出す。ここのことはいずれたっぷりとご紹介させていただきたいものです。小さいけれど隅々まで美意識が行き届いた、そしてちょっぴりの遊び心も見受けられる空間。と同時に、生きることの哲学も突きつけられるようで、いつも気持ちがピリッとする場所なのだ。

念願の場所を訪ね、大好きな樂さんのお茶碗も拝見してすっかり上機嫌になり、気づけば夕暮れ。明日の撮影に備えて早く夕食を済ませて早く寝てしまおう、と思った私は、上機嫌ついでに行ってみたかったワインバーの扉を開けることにしたのである。おお、大冒険。

ワインの師匠に教わったこの店は、めったにお目にかかれない高級シャンパーニュをグラスで一杯だけいただくことができる。ひとりバーだなんて緊張しながら、一口飲んで、びっくりした。うーん、ものすごく美味しい。ごくごく飲み干したいのをぐっとこらえてゆっくり味わう。「お食事なさいますか？」と差し出されたメニューも、どれも美味しそう。ハンバーグとパスタ、両方だと多いかしら？「そうですね、お客様おひとりでは」じゃあハンバーグをいただきます、とお願いしたら、小さく作って両方出してくださった。うう。素晴らしい大人の対応ではないか（実際のところ大変お上品なハンバーグだったので、正規のサイズでもペロリといけたと思うけどね、あたしゃあ）。

そしてそのハンバーグと、パスタのハマグリとルッコラの馥郁とした香りといったら。テニスのジョコビッチ選手の言葉を思い出した。彼は厳密なグルテンフリーの食生活で肉体改造をしたのだが、大切なのは何を食べるかだけではなく、どう食べるかだという。目の前の食物の味と香りと食感にひたすら集中して食べることで、その栄養を自らに取り入れることができる。その恵みは肉体だけでなく、精神をも満たす。バーのカウンターでひとり、緊張気味な私は、図らずもハンバーグに全神経を注いでいたのだ。

いいものを少しだけ、ってこのことだわ。満ち足りた気分でホテルへ戻る。明日も、がんばろ。

シャツの季節

花冷え、花曇り、花散らし。いつまでたっても寒いわねえ、と思っていたら、あっという間に葉桜だ。速い。首や手首や足首を覆わなくても外に出られる気候になった。ていうか、覆ってると暑い。体温のセルフコントロールが下手くそになってきていると感じる今日この頃。

できないことを数えてくよくよしても仕方がない。それより胸元を開けられるとなれば、シャツの季節到来だ！　とっくりセーターよ、しばしさらば。袖口をクリクリっとめくって手首も見せて、春の空気を感じるのよ。そしてシャツの季節となれば、私にとっては、自動的にアイロンの季節ともなるのである。

洗いざらしのシャツをクシャクシャっと、格好良く着られたら最高にクールなんだけど、みすぼらしくない適度なしわ加減に仕上げるのは至難の業だと思う。百歩譲って上手に洗い上げられたとして、五十過ぎの緩んだ肌とそのシャツとは、互いに引き立てあうことができるだろうか？　どっちかっつーとしわ×シワの相乗効果で、だ、大丈夫ですか？　お疲れ？　寝てないの？　って感じになっちまいはしないか？　じゃあ若者だったら良いのかというとそれはそれ、うちの娘たちのペラッペラのファストファッションブランドのシャツも、きちんとアイロンを掛けてあげるといっぱしに見えてくる。なので、ついついやっちゃう。けどそれなりに時間も手間もかかるから、せっかく綺麗にしたシャツを家でゴロゴロする日に着てたりすると無性に腹がたつ。コストパフォーマンスを考えろ〜、私の時給いくらだと思っているのだ〜。

わたせせいぞう『ハートカクテル』に出てくる青年の話が大好きだ。彼は若いサラリーマンで、一人暮らしで、土曜日に一週間分のシャツを洗濯する。天気の良い昼下がり、乾いたシャツにアイロンを掛ける。レコードプレイヤーで陽気なジャズかなんかかけながら。五枚のシャツをきっちりとたたみ、ちょっと汗ばんだ額で缶ビールをプシュっと開けて、自分へのご褒美にする。アスパラなんか、ジャジャっと炒めたりして。あれ？　『ハートカクテル』に欠かせない「カノジョ」はどうしちゃったかしら。別れた寂しさを埋めるための陽気な洗濯だったかな？　この後ワインとピッツァを持って遊びに来るんだったかな？　ま、いいや。考えすぎると脳に良くない。とにかく私もアイロン掛けは土曜の昼下がりで、達成感とともに飲む一杯はそりゃあ美味しいのだ。

初めてパリに行った時、街ゆくマダムたちの服装にそれは見とれたものだった。日本に帰ってから、何が違うんだろう？　と考えていて、そうだ、シャツだ！　と思い当たった。日本の女性って、歳をとるごとに、柔らかいものを着ますよね。ニットとか、カットソーとか。中間色の。かの国のマダムは結構なおばあさまでも、綺麗なブルーとか赤白ストライプとかのシャツを着ていたのだ。陽焼けしてシワシワの首に寄り添うパリッパリのシャツの襟の、格好いいことと言ったら。ああいうばあさんになるぞ、と思ったのだった。

人生ここから先はもう、嫌なことはやりたくない、楽しいことだけやっていきたいけれど、ゆったりニットでひたすらラクチンじゃあ物足りない。アイロン掛けの面倒くささも絶妙なスパイスだ。シャツを着こなす背筋を、自分に課すためにも。

有権者の心得

先日ニュースで、ある地方の女性市議会議員の話をやっていた。彼女は三十代のシングルマザーで、中学生の一人娘に卒業式に来て欲しいと言われた。そりゃあ当然だ。しかしその日は部会がある。議員になってから一度も、仕事を欠席したことはない。行けないよ、と答えたら、今まで忙しい母に一言の不満も漏らしたことのない娘に泣かれてしまった。彼女は悩む。同僚（女性）に相談する。大丈夫だから、出席してあげれば、と言われる。男性議員には話さなかったという。悩んだ末に彼女は部会に欠席届を出し、和服で卒業式に参列する。セーラー服のお嬢さんが、二人とも号泣でした、と晴れやかに笑う。美しい母娘。泣けた。今思い出しても泣けてくる。

さてこの報道のテーマは、子育てとの両立に苦悩し、奮闘する女性議員の姿、であったと理解している。ほうら出た、働く女性の子育てとの両立。お母さんは大変です、女性議員の割合が諸外国に比べて圧倒的に少ない我が国、女性の数は増やしたいがこういうジレンマが付きまといますよねえ、的な。ちょお〜っと待った、これ、お母さん問題？　子供の卒業式はお母さん担当？

彼女はなぜ男性議員には相談しなかったか（できなかったのか）。中学校の卒業式「ごとき」で大事な公職を欠席しようとは何事か、と、取り合ってもらえないだろうと思ってのことではないかと、私は推測する。さらに「これだから女の議員は……」がくっついてきたであろうと。じゃあさ、中学三年生や小学六年生の子供を持つ男性議員ってのはいないのかしら？　子育てになんの関わりもないおっさんばかりが運営してくださる市議会ってどうなのさ？　失礼、言葉が過ぎました。ええと、もしパパ議員がいたら、子供の卒業式と議会が重なったらどうするんだろう。仕事優先に決まってる？　そもそも「そんなことじゃあ」悩みさえしないということかしら。

ここいら辺を掘り下げて欲しかったんだよなあ。その一、子供に関することは女親だけの担当なのか。その二、子供の卒業式より議会の方が絶対に重要なのか。ニュースの彼女はたまたまシングルマザーだったけれど、シングルファーザーだったり、両親そろった家庭であっても、男親が「僕は子供の卒業式に出たいのだ！」と言ってくれたらいい。そしてそれがかなう環境であって欲しい。だいたい、あのしっかりしたお嬢さんの中学校はどう見ても市立のようだった。同じ市の運営なんだから大事な式が重ならないようにうまいこと調整したらいいじゃん。一人の議員のためでなく。ひいては市のみんなのためにきっとなる。

元号が変わると言って大騒ぎして、国中が何日も休みを取れるなら。自分の子供の卒業式に半日の休みを堂々と取れるべきだ。もしも仕事を休んでまで出席しないという親がいたら、何言ってんの、大事な式じゃないの行かなきゃ、と周りが背中を押せるくらいであるべきだ。それが、地域で子育てに関わるってことじゃあないだろうか？　そうやって周りの大人たちが自分の門出を祝ってくれるのだと感じられることが、次の世代を育てるのではないだろうか？　子供のために議会を欠席するのは市民を裏切ることにはならない、むしろその行動こそが我々の一票を活かすことにつながるのだと、そこんとこ、ちゃんとわかった有権者でいたいと思う。

Ⅲ

私のおじさん

いかなる僥倖か。ジョルジオ・アルマーニ様からショーを観に来ませんかとお誘いいただいた。ファッションショーですわよ。雑誌やニュースで見る、『ヴォーグ』の名物編集長やハリウッド女優やスーパーモデルがウロウロするアレですわよ。プラダを着た悪魔、ですわよ。

そういう華やかな場所には慣れてるでしょ、とお思いになるだろうか。ブティックで素敵なロングドレスを見かけて、どなたがどこへ着ていくんだろう、とため息をついていると「お似合いになりますよ、ちょっとしたパーティーにいかがですか？」なんてすすめられるけど、ちょっとしたパーティーは滅多に、ない。あるいは床まで届くフルレングスのエレガントなコートを「テレビ局に車で乗り付けて、ホナミさんがこのコートでサッとおりてきたら素敵ですぅ〜」とおだてられるけど、だいたいスタジオは地下駐車場だし、華麗に降り立ったところで誰も見ていない。女優の日常は地味である。そんなわけで慣れない華やかな場所に尻込みしていたのだが、こんな機会はなかなかない、アルマーニさんもお歳だし、ぜひ行くべきだと周りに説得されて意を決したのであった。

緊張しながら会場へ入ると、大柄なイタリア人女性を紹介された。背中ががっつり開いたエメラルド色のドレスを風呂上がりのような軽やかさで着こなしている。イタリアンアクセントの早口の英語がなかなか聞き取れないけど、どうやらロベルタさんという、広報か何かのトップらしい。ものすごく感じよく、ドレスがお似合いよ〜、と褒めてくれる。はい、あの、アルマーニさんからお借りしました。

指定された席の隣には、別のイタリア女性が座っていた。こちらは黒のパンツスーツで裏方のトップ、って感じ。こんにちは、と挨拶したらまた早口の自己紹介でよくわからなかったけど、ロベルタのシスターよ、と言う。ははあ、姉妹で働いているのだな。素敵なドレスね、とまたも褒められたので、「ご存じ？　これ、アルマーニなんですの」と返してみたら怪訝な顔をされた。ジョーク通じず。撃沈。

ショーが始まるまで手持ち無沙汰になってしまったので、思い切ってロベルタシスターにいつ日本にいらしたの？　と話しかけてみた。東京はもう五日目、その前に京都に三泊したのだそうだ。「私のアンクルが京都を見たいって言うものだから、たくさんお寺を訪ねてきたのよ。とても素敵だったわ。アンクルも喜んでいたわ」。そうか、せっかく日本に行くチャンスだから、冥途の土産にご高齢のおじ様をイタリアからお連れして観光したのね。それは良いおじ様孝行だったわね。「おじ様、喜ばれたでしょう。で、今日はおじ様はショーを見にいらしているの？」と聞いたらロベルタシスターの顔が固まった。「いるに決まってるじゃないの。今バックステージで、最後の仕上げに大忙しよ」。

え。それは、つまり。ロベルタ姉妹のおじさんとは、ジョルジオ・アルマーニ様!? 姪っ子姉妹で巨匠の片腕（両腕か？）となって働いているのか。もうもう、早く言ってよおおおお。

冷や汗の乾かぬうちにショーが始まった。キレイなお洋服をたくさん見た。最後に漆黒のベルベットのスーツに身を包んだジョルジオ様が登場して盛大な喝采を浴びた。ものすごくエネルギッシュで冥途どころじゃなかった。勘違いの恥ずかしさを吹き飛ばすべく、私も精一杯の拍手を贈った。

そうめん県

友人に「うどん県に行ってきた！」と自慢された。うう。何人めだろう。ここ数年、東京マダムの憧れの小旅行先は、外国人観光客でぎゅうぎゅうの京都を通り越し、USJに行きたがる子供もとっくに大きくなり、がぜん瀬戸内である。「島が良かったわよ、そうアートの、直島とか豊島とかね、それから高松に渡ってイサム・ノグチとか見て、でもまあなんと言ってもうどんよねえ」。ああああの、製麺所みたいなところでセルフで食べるっていうアレでしょう？　蛇口からうどんつゆが出てくるっていうのはほんと？「まあどこの蛇口からも出るってわけじゃないけど、とにかく美味しいのよ、うどん。卵かけたり薬味を好きなだけ選んだり、こ～んなおっきいちくわの天ぷらのせてもすごく安いのよお」。聞いてるだけでヨダレが出てくる。今思い出してここに書いててても胃がきゅうっとする。いいなあ食べるための旅。近いうちに実現させたいなあ。と、言いつつ。実は私、うどんにはあんまり興味がなくて、完全なるそうめん派なのでございます。だからその、セルフでちくわ天のっけるの、そうめんってわけにはいかないんだろうか？

とにかく細い麺が好きなのだ。ラーメンは博多に限る。豚骨じゃなくて醤油味でもなんでも構わないんだけど、あの細い麺じゃなきゃダメ。蕎麦なら田舎より更科の細打ち。パスタなら断然カッペリーニ。カッペリーニは冷たいパスタのための麺だけど、これでアーリオオーリオペペロンチーニを作ってもらえたらもう、そのお店に通いつめると思う。くっつきやすいから難しいのよね、そうめんチャンプルみたいな感じよね。この間家で温かいトマトソースパスタを作ろうとして、なぜだかぼーっとしていてカッペリーニを茹でてしまい、しかもお皿を洗う時まで麺を間違えたことに気づかなかった。むしろ今日のパスタは美味しいなあ、と満足していた。しゃぶしゃぶや寄せ鍋の時は、春雨ばっかり食べている。

しかし何と言ってもそうめんが不動のチャンピオン。おろし生姜にネギ、千切りの紫蘇（この間糸みたいに細〜く切ってみたら感動的に美味しかった）、ミョウガとすりごまと海苔。小海老のかき揚げなんかあったら最高だねえ。温泉卵にちょっぴりラー油もいい。冷蔵庫に残ったラタトゥイユをぶっかけにして、バジルとオリーブオイルってのもいいですよ。夏の間、夏野菜の揚げ浸し、もよく作る。茄子、かぼちゃ、オクラにレンコン、エリンギなんかを素揚げしてめんつゆとお酢のつゆに漬けておくんだけど、三日目くらいにくたっと残ってる野菜たちをそうめんにのっけたのは我が家では大ご馳走である。そして家族がいない時にこっそり一人で楽しむのは、タイカレーそうめん！　レトルトのグリーンカレーを、どんぶりに入れたそうめんにかける。刻んだパクチーをたっぷり。うちの夫は冷やし中華が好きで、食べ始めた瞬間に、食べ終わるのがさみしくなるとよく言ってるけど、私にとってはまさにこのタイカレーそうめんが、食べ終わりたくない至福の味。多分、毎日そうめんで生きていける。

そういえば瀬戸内海の小豆島といえばそうめんの名産地。うどん県さん、時々そうめんバージョン、いかがかしら？

ピアノとわたし

年長さんの時、バレエかピアノか選びなさい、と母に言われてピアノを選んだ。祖父が初孫に電子ピアノを奮発してくれた。大喜びで始めたピアノだったのに、私はちっとも練習しない子供であった。数年後に引っ越しをして新しい先生に代わったら、ますます好きじゃなくなった。一人でバスと徒歩で四十分かけて先生の住む団地へ行く。静かな、厳しい先生で、こんにちはとさようなら、以外の会話をした覚えがない。お友達のやっこちゃんの先生はとても明るい人だそうで、ハノンだけじゃなくいろんな面白い曲を弾かせてくれて、お稽古仲間も仲良しで楽しそうで羨ましかった。先生の団地へ通うのが苦痛で、中学になって部活が忙しくなったのを理由に、ピアノをやめた。ブルグミュラーの二十五番を終えたところだった。

なんだかんだで娘を産んだら、やっぱり彼女たちもピアノを習い始めた。そして中学生になってバスケ部やバレーボール部が忙しすぎて、お稽古に通えなくなった。同じ轍を踏むのか、と思っていたが、大学生になった娘は時折、思いついたようにピアノに向かって「戦場のメリークリスマス」かなんか一時間ほど一心不乱に弾いて、「ああスッキリした！」と本当にすっきりした顔になっている。ストレス解消法なのだそうだ。ピアノとの良い向き合い方を見つけたな、と羨ましく思う。

ＮＨＫのＢＳ放送に『駅ピアノ』という番組がある。夜中とか、夕方とか、ヘンテコな時間に再放送していたりして、いつやっているのかよくわからないけどひょっこり見られるととても嬉しい。ロンドンやアムステルダムやプラハの駅や、時にはギリシャの島の空港にピアノがポンと置いてあって、誰でも弾くことができる。家族旅行の小学生が練習曲を弾く。鼻ピアスのパンク少女がベートーベンを弾く。物理学の教授がジャズを弾く。恋人を追いかけて東欧からやってきたけど彼女にフラれ、故郷には帰らず職もなく、今夜の寝床にも事欠くという青年が「ボヘミアン・ラプソディ」を弾く……といった具合。ピアノと人生が、それぞれのやり方で交錯していてじんわり来る。

そしてこの番組を観ていると無性に！　ピアノが弾きたくなるのだ！　アタシだって昔とった杵柄あるのよ！　と言いたくなるのだ。早速アマゾンで教本を探す。いつか弾けるようになりたい、とずっと憧れている曲は、ガーシュインの「ラプソディ・イン・ブルー」だ。以前楽譜を買ってみたけど、一段目の低音から高音へトゥールルルルルウーっていうグリッサンドを見て挫折したのだった。ので、「一人で弾けるやさしいジャズ」とか「こどものガーシュイン」で検索。二冊の教本を手に入れた。家族のいない午後に（だって恥ずかしいもん）、久しぶりにピアノに向かう。音出すの、なんだか緊張するなあ。気分は『のだめカンタービレ』だな。それとも『いつもポケットにショパン』？

いやはや、指、動きませんね。悲しくなるほど。ハノンの運指練習は死ぬほど退屈だったけど、今ではその大切さがよくわかる。意味がわかれば、取り組める。そしていつの日か。ヨーロッパを一人旅する私。駅構内でピアノを見つける。バッグをひょいと足元に置いて、さらりとガーシュイン。通行人の拍手に目で応えて、列車に乗り込む。くうう、シビれるねえ。

磨きたい。

「ねえママ、これってそろそろ開けてもいいと思う？」と言いながら娘が持ってきたのは、ずっしりと重いクマさんの貯金箱だ。両手で包めるくらいの大きさの、しかし振ってみてもまったく音がしないほど、中身がみっしり詰まってる。「うわあ、よく貯めたわねえ。いつのまに」「うん、学校から帰った時にお財布に小銭があると、入れてたんだよね。一円玉とか。あっ、でも、時々百円玉キャンペーンもやってたの。すごいでしょ」。知らなかった。この子ったら貯金が趣味だったとは。母とは違う道を歩みそうだ。「素晴らしいよ。成果を数えて、あなたのお小遣いにしましょう」。そしてクマさんのお尻を塞いでいたフタがおごそかに開けられ、娘は嬉々として硬貨を仕分け始めたのであった。

さて、私の視線はクマさんに向けられた。胸にリボンが彫り込まれて、両脚を前に出してペタッとおすわりしている子。「知ってる？　この子、なんとティファニー製よ。お姉ちゃんが生まれた時にお祝いにいただいた……あれ？　お姉ちゃん？」「知ってる。ずいぶん前に、使わないからってくれたの」。なるほど、姉には貯蓄の趣味は無し、と。彼女たちの将来の格差が見えてくるような気がして、ちょっと首筋が涼しくなる。姉の方には何かの折に、人生設計について話した方が良いかもしれぬぞ。

それにしてもこのクマちゃん、いやティファニーのテディベア様、元はシルバーだったはずが真っ黒なのである。子供部屋の本棚に五、六年は放置されていたであろうか。酸化して真っ黒で、しかしそれこそが銀製である証し。そして磨けばきれいになるはず……と思ったらどうしても、今すぐに、この子のお化粧直しをしたくなった。確か、銀磨きのペーストがあったはず。使い捨て用の古い端切れに少しずつ付けて、ゴシゴシこする。指先がすぐに黒くなる。あたりに漂う硫黄のにおいが、不快を通り越してなんだか、職人気分を醸し出す。もういいかな？　いやまだもう少し、もっときれいになるはず、鏡みたいになるはず。そうして無心に磨いているうちに……そう、私は無心になっていた！　今夜の献立も明日の取材の段取りも片付けなければならない書類のことも、『婦人公論』の原稿のことも彼方へ消え去り、完全に「無」になっていたのだ。これはもしや、今流行りのマインドフルネスってやつではないか？

磨きたい。

黒クマがピッカピカのティファニーちゃんに生まれ変わった頃には、私の脳も十五分間の瞑想をしたかのような爽快感を味わっていた。いやあ、実に気持ちがいい。こんな方法があったとは。そういえばグラスとか、靴を磨くのも好きだったのだ。私のストレス解消法、これだったのね。こうなったらもっと磨きたい。食器棚の端にちっちゃな銀のトレーがあったな、それから結婚式の引き出物でいただいたデザート用のフォークとスプーン、古い写真を入れたフォトフレーム。全部集めて新聞紙の上に広げて、片っぱしから磨き始めた。もう、楽しいですう。

磨きあげた物たちをニヤニヤしながら元の場所にしまい、ふうっと息をついたらもうさみしくなった。ああ、磨きたい。早く黒くならないかな……。

一方の娘はといえば、硬貨を種類別に分けて十枚ずつきれいに積み上げ、お勘定を終えてご満悦である。ストレス解消法、それぞれなのであった。

社会勉強

　コツコツと娘のクマさん貯金箱にたまった小銭は、数えてみたら一万円ほどもあった。これは、あなたの口座に入れることにしましょう。この夏休みにアルバイトを始めた彼女は、バイト代を振り込んでもらうための銀行口座を作ったのである。そこにあるお金は、好きにして良し。大切に貯めておくも、ここぞという時に使うも、自分で決めなさい。ここぞでもなんでもないくだらないことに使ってしまって後悔したとしても、それはそれ、勉強だ。ジップロックの袋に硬貨をジャラジャラと詰めて、二人で銀行へ向かう。なんだかちょっと、儀式のような気分。

　ＡＴＭの前で、さ、ママは横で見てるから、自分でやってごらんなさい、と母親ぶって促してみる。勉強勉強。ええと、「お預入れ」を押すでしょう、それからキャッシュカードを入れて、合間に何度も「本当にお預かりしていいですか?」「お預け入れ先は間違っていませんか？」的な注意が出てくるけど、これは振り込め詐欺防止の注意なんだよね、若い人には関係ないことだと思わないで気をつけなきゃね、なんて話もしながら進んでいく。そしていよいよ、現金をご投入ください、のくだりにたどり着いた。硬貨の受け入れ口が、アラジンがランプを取りに行く砂漠の洞窟のごとくにパッカリと開く。「ここにジャラジャラ入れちゃっていいの？　一円玉とか十円玉とか分けなくていいの？」「だあいじょうぶ大丈夫。機械の中でザザザーって仕分けして数えてくれるんだよ。すごいよねー。とりあえず入るだけ入れてみよう。レッツゴー！」

　二人でジップロックを逆さにして洞窟の入り口に硬貨を注ぎ込む、と、その時であった。ピー、と軽快な音がして赤ランプが点いた。液晶画面に「硬貨を入れすぎです。枚数を減らしてください」！　ひええ、やっちまった。慌てて硬貨を掻き出す二人。しかし小さなジップロックの袋に戻すのが思いのほか難しい。きゃー待って待って、あ、十円落ちた、こっちも！　鳴り続けるピー音、やがてそれは警戒度アップのピーピーピーに、そして。全てが停止した。機械、固まった。「お取り扱いできません」と無情に宣言された。硬貨を飲み込んだまま、洞窟の口が閉じてゆく。沈黙するATMの前で、両手に山盛りの小銭をのせて身動きできない私たちはただ立ち尽くすのみであった。

「お客様どうなさいました？」と、銀行のお姉さんが救助に来てくれた。「いくらお入れになったかおわかりですか」「いやそれが適当にザーっと入れちゃったので」って、子供のお使いじゃあるまいし、ＡＴＭを壊すだなんて。

ドラマの役柄のせいか見た目のイメージなのか、わりと「キリっとした」「デキる」女みたいな形容詞をつけていただいて、自分でもすっかりその気になっていたが、近頃それは錯覚だと（ようやく）気づき始めたところである。結構いろんなこと、できない。特に数字に弱い。保険とか税金とか、銀行とか。社会人としてあまりに未熟だと痛感する今日この頃。

十分ほど待って無事に洞窟から発掘された小銭たちは、改めて窓口で娘の口座に入れていただいた。「最初から窓口に来ればよかったね」と娘が囁く。お勉強したのは、母のほうであった。

香りが呼ぶもの

誕生日のお祝いに、と、ヘアフレグランスなるものをいただいた。見た目は普通のおしゃれな香水の瓶、だけど、ヘアフレグランスって？　香水と何が違うんだろう？　調べてみたら、なるほど、髪に良い成分が入っていて保湿やサラサラにする効果があるそう。ヨガのレッスンで汗ばんだ後なんかにいいですよ、と言われて、あら、加齢臭対策ってことかしらとちょっぴりひがみそうになるのは、大人げないからやめておく。普段つけている香りとの相性も良さそうで、これからどう使いこなしていけるのか、楽しみだ。

プルーストばりに香りの記憶をたどってみれば、一番古いのは中学のバスケ部顧問の先生の整髪料の香りだ。弱小バスケ部を立て直すべく新任でやってきた熱血教師は、颯爽と強烈に整髪料の香りを振りまいていた。廊下の角を曲がる前からあの先生が来た！　とわかる濃厚さであった。それまで「バスケ部はラクチンでいいよね」と言われるテキトー部活だったのに、いきなり本気モードの練習メニューを課されてみんなちょっと迷惑だった。でも、確実に試合に勝てるようになり、活気が出てバスケが楽しくなっていったので、チームはどんどん団結していった。

さすがに四十年近く経ってるから同じ整髪料を使っている人にはほとんど出会わない。それでも街の雑踏であの香りがすると、「うわっキムラセンセイ！」となぜか冷や汗が出て、夏休み中のしんどい練習や体育館の裏で飲んだ凍らせたジュースや練習試合に行く自転車の道のりや、茶色いボールの感触や大事にしていたコンバースのバッシューのイメージがぶわあっと蘇る。ま、戻りたいとは思いませんけどね。

初めて自分の香りを手に入れたのは、二十歳になる少し前。ドラマでバレリーナ、を目指す普通の子、の役をいただいて、バレエのレッスンに通うように指示された。小田急線の駅から商店街を抜けたところにある小さいけれど本格的なバレエ団で、小学生から大人まで、とても真剣にお稽古する中に参加させてもらっていた。そこにはナオコちゃんというスターがいた。私と同い年くらいだったと思う。高校を卒業してプロの踊り手の道を選び、昼間は小さな子たちに教えたりして、夜は自分の公演のレッスンをしていた。顔が小さくて美人で絶対ハーフでしょ！　っていうくらい手足が長くて、彼女が踊ると世田谷がボリショイになった。そして誰に対しても本当に優しくて、みんなが憧れていた（私も）。

ある日更衣室で小学生が聞いていた。「ナオコちゃんいつもいいにおいがする。なんの匂い？」。よくぞ、質問してくれました！　耳をダンボにする私。「これはね、サンローランのパリっていう香水なんだよ」。おおおっ！　パリか〜サンローランか〜。数ヵ月後、何かの撮影で海外へ行くことになった私は、成田空港の免税店で念願の『パリ』を手に入れた。それから五年くらい、パリが「私の香り」だったなあ。

ドラマの撮影が終わると同時にレッスン通いも終わってしまい、あの商店街を歩くこともなくなった。でも時々バレエ団のホームページをそおっとのぞいてみている。ナオコちゃん、今も踊ってる。きっといいにおい、してるんだろうなあ。

ゲームの効用

右手人差し指が痛い。手関節屈曲筋群の中の特に、橈側手根屈筋と浅指屈筋と長母指屈筋が張っていて上腕二頭筋と三角筋もパンパンで、僧帽筋もやられてるな。なんでかって？　ここのところワタシは、携帯ゲームをやり続けているからなのだ！　画面の上からディズニーの丸っこい顔の人たちがワラワラと降りてきて、三つつながったら指でスイッと消していく、アレです。

ある日娘のスマホから何やら送られてきたのよね。「ああごめんママ、ちょっとポイントが欲しくて『お友達招待』したの、気にしないで、忘れちゃって」と言われて、まったくもう、と苦笑いしていたのだが、若者たちはどんなゲームをしているのだろう、とのぞいてみたのが運の尽きであった。単純作業に没頭する感じがついクセになる。驚いたことには、自分のＬＩＮＥのアドレスリストにいる知人たちの中で、同じゲームをやっている高得点者が表示されるのだ。おお、あのママ友も、あの俳優さんもやっているのか。すごい高得点だ、プロだな〜、と、意外な一面を見た気になる。ちょっと待てよ、ということはこっちのこともバレてる？　まあいいや、初心者の情けない得点を見て笑ってくれたまえ。

課金されない範囲で遊んでいるから一度に十分くらいずつなのだが、家事の合間にちょっと一服、って感じでちょこちょこ手が出る。結果、右腕がパンパンに凝ってしまった。眼にもきてるわ、お年頃の身に良くないわあ。

身体を整えるジャイロトニックのトレーニングに行って、先生に正直に白状した。「ホナミちゃんがゲーム？　意外！」。自分でも青天の霹靂なんです、身体に良くないってわかってます、反省します。「いや、でもそんなに状態悪くないよ、肩甲骨柔らかいし」。へ？　そうなの？　「没頭して、集中するんでしょう？　もしかしたらそれが脳の健康にはいいのかも。腕や肩の表面の筋肉は緊張してるけど、脳が休めてるから身体の芯の部分は乱れてないって感じがする」。ひょええ、そんなことが。だからみんなゲームをするのかしら。疲れた脳が欲するのかしら。

思い起こせば私も過去に何度かゲームにハマった時期があった。テトリスとか、ソリティアとか。ドラクエの続きをやりたくて大急ぎで仕事から帰ってテレビの前に座っていた頃は、これはまずい、自分は中毒なのか？　とちょっと心配になった。でもまあ、ああいうものは、ある期間熱中すると自然にブームが過ぎる。いつの間にかやらなくなっている。やりきるっていうか、気が済むっていうか、そんな感じ。そうして、なぜあんなに夢中になっていたのか不思議なくらいに、もうそのゲームをする必要はなくなってる。だから、実は今回も、心配はしていないのだ。私は知ってる。熱中して、集中して、もういいや、と満足したら自然にやらなくなるとわかっているから、それまでは自分にゲームを許す。きっと今は脳が休息を求めているのだ。

「ホナミちゃん！　それだよ！　いつもきちんとしなきゃ、正しくなきゃ、ってガチガチなあなたが自分にゲームを許すことを覚えた、それってすごい進歩だよ！　だから身体に悪影響が出ていないのよ」

新たなスキルを手に入れたワタシ。ゲームも無駄な時間ではないのだよ。今度は両手打ちに挑戦しちゃおうかな？

エスケープ

今年の夏はよく飛行機に乗った。ロンドン。ボストン。北京。それが仕事のためでも個人的な旅行でも、異国ではなくて日本国内でも、空を飛んでどこかへ行く時は特別な高揚感がある。

飛行機や空港が好きなのは、子供の頃羽田の近くに住んでいたからかもしれない。幼稚園から小二まで、休日のうれしいお出かけ先は羽田空港だった。父に連れられて――今思えば、母はまだ小さかった妹と家に残っていたのだろう――展望台で発着する飛行機を眺め、食堂でお子様ランチを食べ、売店で小さな飛行機のぬいぐるみ（あれはぬいぐるみっていうのか？　外側がビニールみたいで、パツパツに綿が詰まった物体）を買ってもらう。遊びに来ただけなのに、まるでこれから飛び立つ旅行客の一人にでもなったような気分で、そこいらの公園のブランコで遊んでる子たちとは違うんだからね〜、とでも言いたいような妙な優越感でウキウキした。父の勤務先も羽田にあり（空港とは関係のない会社だったが）、道路を挟んで向かい側に乗務員の訓練センターがあった。『アテンションプリーズ』っていうドラマの舞台になったところだ。私もあそこへ行ってスチュワーデスになる訓練を受けよう、とかなり真剣に考えていたのに実現しなかったのは、かいがいしくひとさまのお世話をするのはあたしゃあとっても無理、と気づいたからか。それでも二十数年後、ドラマでスチュワーデス役をいただいて、あの訓練用の機内の模型で撮影をした時は、不思議なこともあるもんだ、としみじみした。

そんなわけで幼少期から、羽田空港とは何か特別な縁がある、と勝手に思い込んでいる。東京の唯一の国際空港、の地位を成田に譲った時は結構寂しかったし、国際線が復活して、新しいターミナルもできて今もさらに増殖中なところなんか見ると、あらあら、すっかりご立派になられて、でもおじいさまの時代もよござんしたよね、なんて声をかけたくなるのである。

雑誌の取材で、東京でよく行く好きな場所はどこですか？　と聞かれて、近所の公園かな、上野の博物館かな？　とあれこれ考えて出てきたのは、やっぱり羽田空港だった。旅行じゃなくてもいい。飛行機に、乗らなくてもいい。いつか激しく落ち込んで、何もかも嫌になって投げ出して逃げてしまいたくなった時、私は車で羽田空港に向かった。駐車場に停めた車の中から、上空を行き交う機影を眺めた。あの飛行機どこへ行くかしら。北海道だったら知り合いの牧場をたずねて、馬小屋の掃除でもさせてもらおうかな。和歌山の友達のところ、それとも沖縄、いっそのことフランスの友達のところへ行っちゃおうか。カウンターへ行って、次の飛行機のチケットください、って言えばいい。着替えはユニクロで買えばいい。おっと、今日はパスポート持って来てないからフランスはお預けだな。あれこれ考えているうちに西の空がオレンジ色になり、やがて薄紫になり、車のライトが点き始めた。心の中の嵐が、少しずつおさまっていった。

ここに来れば、どこにでも行ける。全部手放して、行き先だけ選べばいい。それがわかったから大丈夫。今日のところはここから引き返そう。

羽田空港は私の心の緊急避難場所、ってところかな。いつか衝動的に離陸してみたい気もするけど。あ、飛行機代は手放しちゃあ困りますけどね。

高度1万4000メートル

飛行機に乗ると、電車の中の五歳児みたいに窓の外ばかり見ている。羽田空港から飛び立ったなら東京湾、海ほたる、うわあアクアラインってこんなに長い距離海の中に潜っているんだとか、房総半島って本当に菱形だわ、とか、鹿島灘は実になめらかな長い海岸線である、とか、北京に行った時は新潟から日本海を突っ切るから、関東者の私は佐渡島は江ノ島よりずっと大きく本土からずっと離れていることを知り、こんなに遠く連れてこられた安寿と厨子王の母上はさぞや辛かったであろうなどと想いを馳せるのだ。

ロシア上空で運良く雲が切れたなら面白い。あまりに遠くて森なのか岩山なのか区別のつかない黒々としたカタマリ、これはもしや地理の授業で習ったツンドラではないか？　試験の解答欄にあっさり「ツンドラ」「凍土」なんて書いて来たけど、実際どうなっているのかなんて全く知らない。おそらく何十キロも何百キロにもわたって人が足を踏み入れたことのない土地、でも時々その中に明らかに人工的な直線が伸びていて、ああこんな所にまで道路を作っちゃう人間てすごいなあ、と半ば感嘆し、半ば呆れる。

北欧の海岸線は、そりゃあもうリアス式なんて言ってる場合じゃあない。だいたいほら私たち、北欧あたりって大雑把な地図でしか見たことないじゃない？　もうね、スウェーデンとデンマークの間とか、飛沫のように島が飛び散ってる。瀬戸内どころじゃないのよ。この一つ一つに名前が付いているのなら、村長も地理の先生も国の首相も覚えるのが大変だろうと思う。そうして思う、いつかこのうちの一つの島にでも、行ってみたいものだと。

空の上から見下ろすと、山は岩盤にシワがよって盛り上がったもので、そこに降った雨がスジになったのが川で、凹んだところにできた水たまりが湖だって、よくわかる。人間はその水辺に、低くて平らな土地に、ちまちまと集まって巣作りしているに過ぎない。寄生虫みたいなもんよ。寄生虫のくせに、手付かずの広大なツンドラにドーンと道路を作っちゃったりする。北アメリカの上の方の、もうそこいら辺には人は住んでいないんじゃないの？　というあたりにも「チサシピ」とか「ヌナブト」とか

「イカルイト」なんて聞いたこともないような名の街があり、人が住んで、働いて、食べて、喧嘩して、きっとスマホでゲームもしてる。それを飛行機という不思議な鉄の塊から見下ろす私は決して会うことはないだろう人々のことを想像して、いつかイカルイトにでも、ユミジャックかグジュジュアラビックにでも、行ってみたいものだと無責任に夢想する。地球が大きいとか人間は小さいとか、そういう単純な定義じゃなくて、ミクロとマクロの視点が行ったり来たり、手に負えなくてクラクラする。

やがて空港に降り立てば私の仕事、私の家族、私の悩み、私の夕食のメニューに引き戻されて、ツンドラは夢想の彼方へ消え、「いつか」は永遠に来ない。いや、本当にそれで終わりだろうか？　「いつか」は待ってたって来やしない。自分を縛っているのは自分じゃないか？　今なぜか、頭の中だけで想像することをやめて、パラシュートで降りてみたくなっている。自分で、動け。イカルイトを、ヴァランゲル半島を、カンゲルルススアークを目指せ。

20年目の花火

今年の花火大会は、九月の最後の週末だった。

都心から一時間のドライブで、海辺のマンションに着く。娘が赤ちゃんの頃にベビースイミングで知り合った友人の家だ。プール友達や小学校に上がってからの友達や、時にはこの家の女主人の大学の同窓生、なんて人が合流したりして、いろんな家族が集まる。去年までは夏休みの最中だったから、昼頃に着いたらまずお父さんたちが子供たちをビーチに引率して遊ばせ、残った大人はバーベキューの用意をする。お腹をすかせた子供たちが戻ってきた頃、食べ物と飲み物はすっかり屋上に運び上げられ、無事に火もおきて、乾杯をして、ソーセージやポテトを食べ始める頃には目の前の海岸で花火が上がるのだ。

今年は時期がずれたからいつもより早く日が落ちて、ロウソクの灯りでテーブルを囲んでいるとき誰かが言った。「ねえ、今日は見事に子供がいないね」。

そうなのだ。夏休みが終わってしまったからではなくて。あんなに大勢その辺を走り回っていた子供たちのほとんどが大学生になり、しかも東京を離れている。唯一残ったうちの末っ子の現役高校生を誘ったけれど「やだ〜おっさんとおばちゃんばっかりでしょ、友達ん家に行くからママ楽しんできて」とあっさりお断りされた。だから今夜は大人ばかりの会なのだ。

静かだ。ああほらちゃんと砂を落としてから上がってきてちょうだい、とか、肉焼けたから食べなさい、とか、ママ〜トイレ〜、ママ〜お姉ちゃんがずるい、ママ〜アイス食べたい、とか、あっ花火始まったから見なさい、ママ〜花火撮りたいカメラどこ？　とか、この空間を支配していた喧騒はもうどこにもなくて、私たちは自分のことだけ考えればいい。そのことに気づいてちょっとびっくりした。こんな日が来るとはね。すごくうれしいでもさみしいでもない、なんだかくすぐったく不思議な気持ちで花火を楽しんだ。それぞれが、自分のいたい場所で、自分の好きな見方で。そしてこの日は泊めてもらうことにしていたから、心おきなくワインを飲み、夜が深まるほどにみんなでたくさん話をした。いつまでも。

翌朝この家の旦那さんが淹れてくれたコーヒーを飲み、昨夜の残りのチーズケーキを食べながらまたいろんな話をした。これからおじさんたちは静岡へラグビーを観に行くという。女主人は大阪で同窓会だって。私はじゃあ、せっかく逗子まで来たから三崎漁港へマグロを買いに行くってのはどうだろう。のんびり、海岸沿いから尾根づたいに三浦半島を縦断する。道は細くてくねくねしていて、前方にバスがいるとなかなか進まない。思ったよりも時間がかかる。いつもならイライラと迂回路を探すところだけど、今日の私は気にしない。後部座席から「ママ〜あとどれくらい?」と無駄な質問が飛んでくることはないのだし、夕飯までに家に着ければいいんだもの。

漁港で新鮮な魚をたくさん見てうれしくなって、料理する必要のない刺身を夕飯用に買う。手抜きしちゃうもんね。マグロの頭の迫力ある写真を大阪へ向かう友人に送ったら、「今羽田。一人で旅行ってなんか楽しい気分」と返事が来た。この楽しさに、私たちはまだちょっとぎこちない。でもきっと、すぐ慣れる。自分の時間に自分の花火を見られるように、すぐなるだろう。

その名はスクイージー

料理と掃除と、どっちの家事が好きな派？　って話になって。う〜ん、まあ料理は好きよね。せっかくなら美味しいもの食べたいし、料理本見て気合い入れて作っちゃうのも楽しい。オペラなんか流してワインをちびちび飲みながらパスタ茹でたりすると、気分が上がる。でもルーティンでやらなきゃ、と思うとげんなりしてくるときもありますわよね、人間だもの。そんな時はデパ地下へ行って、ええい、お惣菜大会だ！　と割り切っちゃう。旅に出てしばらく台所から遠ざかると、なんてラクチンなんだろう、とうれしい反面、珍しい食材やスパイスが気になって、うう、これを使いたい、と料理熱がむくむく戻ってくる。

一方掃除はといえば、片付け魔ってほどじゃあない。でもこざっぱりと暮らしたい。何か使いたいときに、パッと手に取れないとすごく嫌だから整理しとくしかないし。

床が埃っぽいのも好きじゃない、ぺたりと座りたいから。うちは女子が多いから、いつもどこかに長い髪の毛が落ちている。むむむ、誰もこれが見えていないのか？　私だけ異常に視力がいいのか？　と憤慨しながら掃除機をかけて、腰とか腕とか疲れるけど、でもやりきった時の達成感はかなり、いい。

　億劫だけどやらないと一番見苦しくなるのは、水回りだと思う。家とホテルの部屋の最大の違いはバスルームの掃除の完璧さだ。と、いうことは、少しでもホテルの感じに近付ければうちのお風呂場もより快適になるのではないか？　何かの本で「光るべきところが光っていると、他がおざなりでも清潔に見えます」というのを読んだことがある。光るべきところ、つまり鏡とか、ステンレスの蛇口とか、ドアノブとか。あと、陶器のシンクとかね。確かにこの辺がピカピカ、つるつるだとそれ以外の多少の埃っぽさはごまかせます。おためしあれ。

　そして水回りで最も重要なのは、いかにドライに保つか、という点ではなかろうか。とあるお掃除指南書には「お風呂上がりに自分の体を拭いたバスタオルでお風呂の床や壁を拭いてしまいましょう」と書いてあって、いやさすがにバスタオルは？　と思っていたら、これを実践している知人が、いた。彼女は専業主婦から大企業のＰＲ部門のトップにスピード出世した効率の鬼で、夫と娘にもこのミッションを課しているらしい。なんて協力的な家族なのだ。しかし同じ努力をうちの家族に徹底させるのは至難の業である。それにやっぱり、バスタオルを使うのは私自身抵抗がある。

そんな時、東急ハンズで見つけたのだ。ゴムでできた、しゃもじの先を平らに切り取ったみたいな、アイススケート場の氷面をきれいにするアレ、レストランでテーブルのパンくずをきれいにするアレ、そう、スクイージーを！　風呂上がりにこれで鏡をシューッ、ガラス戸をスイーッ、壁と床のタイルもシャーッとすれば余分な水滴は流れ去って、ちょっと換気すればホテルのバスルームのようにカラリと仕上がるのでございます。もうね、一日で一番満足な瞬間だわね、ここ最近。

これなら面倒くさがり屋たちもやってくれるであろう、というわけで、「お風呂場にゴムの白いやつ、ぶら下がってるからね、やってね」と夫と娘に厳命する。「え、そんなに違うの？　じゃあ忘れないように頑張ります、ところでそのゴムの白いのなんていうんだっけ、スクイーザーじゃなくて」。それはジュース搾りでしょ、いいのよ名前は。とにかくやってちょうだいよシャーッと、シャーッとね！

ワンコ来襲

見回せば知り合いのほとんどが犬を飼っているのである。会うたび「うちの子」がいかにやんちゃでブサイクでお馬鹿で食いしん坊でお金がかかって可愛くて仕方がないかを聴かされる。そういう親バカたちには、ふふん、大変だねえ、と気の無い相槌を打っておくしかないのである。

ご多分にもれず、我が家の娘たちもずっと犬が欲しかった。十年あまり、私はずっと拒否し続けた。手のかかる人間三匹もお世話してるのに、これ以上仕事を増やされてたまるものですか。絶対、無理。やがて彼女たちがひとりでトイレを済ませられるようになり、お着替えもご飯も大人の手を借りずにできるようになり、通学カバンの中身を自分で管理し、地下鉄に乗って勝手に渋谷に出かけたりするようになって、母の考えも寛容になってきた。

「もはやママは絶対ダメとは言いません。ただし条件があります。犬を飼うにあたってどんな手段があり、どんな手間とお金がかかり、どこまで自分たちで出来てどこからママの手を借りるのか、それだけの労力を費やしても犬を飼うことのメリットがどれだけあるのか、きちんとプレゼンをして私が納得したらゴーサインを出しましょう」と、宣言したのである。友人にこの話をすると「いや〜ホナミらしいねえ、面倒な母を持って子供たちも大変だねえ」と呆れられるんだけど、これ、ずいぶん譲歩してるよねえ？　飼ってもいいって言ってるよ？　プレゼンの完成度は問題ではない。要はやる気。創意工夫と、熱意が必要だと言っておるのだ。

天下の大宣言からはや数年、プレゼンしてくれる気配はいっこうに無い。どうやら一度は作りかけたものの、挫折したらしい。飽きちゃったのか。ま、キミたちの熱意はそんなものなのね、それじゃあとても命あるものをお世話することはできないね、というのが母の結論である。

そんな我が家になんと、犬がやってきた。いや、四泊五日。飼い主一家が旅行をするのでお預かりすることになったのだ。彼らは我が家の犬事情を知っていて、「意外に大変だと気づいてあっさりあきらめるかもよ、娘。もしくはみんなでハマるか。お試ししてみて」とのこと。娘にバイト代も出してくれるというので、ご飯とトイレとお散歩は娘の係。私は一切手を出しません。

の、はずだったんだけど。担当が学校に行ってる間は私といるじゃない？　放って
おくのもかわいそうだからお散歩行ってみるじゃない？　大事なよそのワンコ様に何
かあっちゃいけないから外出も控えてお相手するじゃない？　いやあもうすっかり懐
かれちゃって。そしてトイプードルのタビサは吠えなくて暴れなくてイタズラしなく
て聞き分けの良い実にいい子で、娘や夫の膝の上でもひっくり返って完全にリラック
スしてみせるので、もうみんなメロメロである。

あっという間に五日間は過ぎ、タビサは実家へと帰っていった。家の中を歩くと、
彼女が後をついてくる「チャッチャッ」という足音が聞こえるような気がする。トイ
レのドアを閉めるとき、彼女を挟まないように一瞬気をつける自分がいる。人間の方
が、飼いならされてしまったのか？　私以上に、娘と夫は「あ〜寂しいねえ」とか言
っちゃって、激しくタビロス。

ハマった、とは言いたくない。たまに一週間くらい来てもらうんでいいんじゃない
の？　とりあえず、トイレシートは預かったままである。

おせちもいいけど

「おせちもいいけど、カレーもね！」って、素晴らしいコピーだとしみじみ思う。ほら、この一行見ただけで、キャンディーズの声が聞こえてくるでしょ？　音楽を付けずに「おせちもいいけど」と呟くだけで、「カレーもね」が付いてくるでしょ？　そして毎年お正月の三が日が過ぎる頃には日本中の家庭でこの名文句が思い出され、カレーの売り上げが伸びているに違いない。この間なんか私、三が日どころか二日の夜には「カレーにしちゃう?」って言ってたもん。

思うにクリスマスのあたりから、我々の食生活は非日常へと突入している。あ、会社で働いていたりすると十二月に入った途端に忘年会モードで、すでにハレ状態なのかもしれぬ。で、いきなりチキンを焼いてみたりする。もしくは家の味と違う、外でいただく鍋、とか。大勢集まるからパエリアにしようよ、わ〜カニいただいちゃったわ、とか、韓国人の友達が作る本格サムギョプサル、とか。大晦日だって普段食べない時間に蕎麦をすすって、そこからおせちやお雑煮になだれ込む。舌と胃袋が「もう、日常に戻してくれ〜」と言ってるところに、カレー、なんだなあ、きっと。

そしてカレーの醍醐味といえば、やはり「朝カレー」ではなかろうか。正月休みが明けて初出勤する人たちの朝カレー率、相当高いと思うよ。私も高校時代なんて夕食にカレーで朝カレー、お弁当にも持って行ってた。翌朝が楽しみでカレーを作ると言っても過言ではない。

ああ、それなのに。最近の私は朝カレーができない。いや、このトシになると朝からカレーは胃がもたれちゃって、という繊細な話ではない。告白しましょう、私は「カレーを食べると眠くなる症候群」なのだ！　聞いたことないでしょ、でもホントなの。

自覚したのは十五年くらい前です。子供達を学校や幼稚園に送り出して、一人のんびり朝カレーしたら、強烈な睡魔に襲われてばったり倒れてしまったのです。朝だけではありません、昼カレーでも眠くなります。カレールウの仕業かと思い、いろんなカレーを試してみました。タイカレーに本格インド風、レトルトにカレーうどん。カレーパン。全部ダメです。食べ終えてお皿を片付けて一息ついたあたりで、抵抗し難い眠気がやってきて、午後いっぱい使い物にならない人間になってしまうのです。おそらくなんらかのスパイスの影響ではないかと自己分析しているのですが、しかし夜にカレーを食べてもちっとも眠くはなりません。どういうことだ！

一度ドラマの撮影現場で、お昼にケータリングのカレーが出た。主演俳優さんの差し入れだったから、「わーい、せっかくだもの」といただいたら案の定眠くて眠くて、その午後の辛かったことったら。以来、仕事先でカレー弁当が出ると丁重に辞退して、すみっこで持参のおにぎりなんか食べている。何か不手際でもあったかと心配するスタッフに、マネージャー氏は「機嫌が悪いわけじゃないです、アレルギーでもないです、眠くなっちゃうんで、気にしないでください」と謎の言い訳が大変である。

そんな私が思う存分朝（もしくは昼）カレーを堪能できる年に一度のチャンスが正月休みってことだ。よおし、食べてやる。そんで、寝てやる。「おせちの後には、カレーだね」って、夢の中でキャンディーズが歌ってくれるであろう。

マルセルさん

その日は三つの、場所も内容もバラバラの案件を抱えて大忙しなのだった。おまけに重たく巨大なバッグを持ち歩かねばならなかった。え、女優さんて、ご自分でそんな大きな荷物運ぶんですか？　って、この間銀行のお姉さんにも驚かれたけれど、あたしゃあ常に家来を従えているような、やんごとないご身分ではないのでございますよ。それにね、撮影の時でも、デニムや靴はけっこう私物を家から持って行ったりするのよね。サイズが肝心だから。

そんなわけでまず午前中のミーティングを終え、大通りに出てうまいことやってきたタクシーに飛び乗った。「青山の、骨董通りの方に行きたいんですけど」「じゃあ並木橋を曲がりますか？」「あ、いや、そこまで行かずに手前の……」「渋谷橋？」「そうそう、渋谷橋から六本木通りに向かって上がって行って」「承知しました」。

ふう。すぐにタクシーがつかまって良かった。このあと、あの荷物をあそこに置いて別のをピックアップし、それから車を乗り換えて……今のところなんとか間に合いそうだな。なんてことを、窓の外に流れる街並みを眺めながらぼんやり考えていた。

「お客様、この先どうしますか？　トンネル行きますか？」、えっなにトンネル？　ちょっと待って……と視線を前にやって、私の思考は停止した。何かがおかしい。強烈な違和感。一瞬ののち、情報が入ってきた。私の右斜め前でハンドルを握る運転手さんが、まぎれもなく白人男性なのだ！

ハーフ、じゃないよなあ。年の頃なら五十くらいの、細身で手足が長く、車から降りたら百九十センチはありそうな、アメリカ人じゃない、ドイツとかオランダとか北の風情の人。君は誰だ？　何ゆえこの職業に？　そして私が初めは気づかなかったほど上手な日本語で渋谷橋とか並木橋とか詳しいのだＷＨＹ？

運転席の後ろの名札を見た。マルセルさんだ！　てことはフランスか？　きっと同じような質問を何度もされて飽き飽きしてるだろうけど、もう無理、聞いちゃうよ。

「あのお、運転手さんはどこのお国の方ですか？」。

「フランスです」「わあやっぱり。フランスのどちら？」「ノルマンディーです。知ってますか？」「わかります、行ってみたいなあ、パリは行ったことあるんだけど」「いいところですよ。シードルが有名です」「あのお、日本にはどのくらい？」「十五年です」。ひええっそんなに？「ずっと山形に住んでいました。去年から東京です」。何を求めてノルマンディーから山形へやって来たのだ、マルセル。日本の染色や陶芸の技術かなんかに憧れて？あるいはサクランボ栽培の秘訣を探りに？そして日本人女性と結婚したが関係が破綻してしまい、心機一転東京へ……と、勝手な妄想がグルグル膨らむが、ううむ、そこは聞きづらい。「でも東京の道、とても詳しいですね」「この辺りはよくお客さんを乗せますから。でもタクシー運転手の地理の試験は大変でした」。偉いなあ、彼の人生、うまくいってほしいなあ。

目的地に着いて降りる間際、彼は聞いてきた。「お客様は、日本の方ですか？」。ひええっ私、何人に見えてたの？もう一度会って教えて欲しいよ、マルセルさん！

懐かしきお花畑

母の誕生祝いに、女ばかり三世代が集まった。喜寿だから、いつものとんかつ屋さんじゃなくてちょっと素敵なところ行きましょ、とホテルのランチを予約した。非日常な雰囲気にかしこまっていたのは最初の数分で、母のお得意のお弁当話が始まったのは、花や蝶をかたどった中華の前菜があまりに綺麗だったからかしら？

「あなたたちの（と、娘に向けて）ママ（つまり私）はなんでもパクパク食べる子供だったからラクだったのよ、でもおばちゃん（私の妹ですね）は早生まれで身体が小さくて、食が細かったから食べさせるのが大変だった。幼稚園のお弁当はね、とにかく一口サイズで手でパクッと食べられるようにしたの。おにぎりは小さく丸めて炒り卵の黄色や桜でんぶのピンクや青のりで三色にして、ミートボールもポテトも小さく切って串に刺して。タコさんやチョウチョのウィンナーもよくやったわね。そしたらね、父母会に行くと先生に言われるの、鈴木さんあまりやりすぎないでください、他の父兄から、ああいうお弁当にしてくれって子供に言われる、と苦情が出ています、って。そんなこと言われてもねえ、アッハッハ。毎日のお弁当、写真に撮っておけばよかったわよね、そしたら私、本出せたし、ブロガーってやつよね」。はいはい、この話ももう六十回は聞いていると思う。孫であるうちの娘たちだって十回以上は聞いているであろう母の十八番である。

タコさんウィンナーは知ってるけどチョウチョはどんなの？　ママ、やってくれたことないよ、と娘が口を尖らせた。いやいや、毎朝三人分作ってたのよ、チョウチョになんかしてられますか。でももうお姉ちゃんたちの分ないよ？　今年は私だけじゃん、とあんまり言うので、翌日ウィンナーを買いに行ったのであった。

チョウチョにするにはウィンナーの厚みを半分に切って、触角や羽らしく見えるようにちょいちょいと切れ目を入れる。作り始めたら楽しくて筆が走り出した。お弁当箱にご飯をひろげて、まずブロッコリーで芝生を作る。輪切りにしたうずら卵を丸く並べて花びらにして、中心に紅生姜。さやえんどうで葉と茎を作り、背景に桜でんぶとおかか。しらすの空にチョウチョが飛ぶ。クレヨンでお絵描きしたみたいなラブリーなお弁当ができた。なかなかの傑作なので写メを実家に送る。「わあ〜懐かしいねえ、これこれ」という返信。調子に乗ってママ友たちにも送る。「うわ、ホナミちゃん毎日こんなことしてるの？　偉いねえ」とは清らかな心の持ち主の返信。しかし別の友人は「う。これは、引くよ。ドン引きだよ」と言う。え、そうかな？　やりすぎたか？　確かに、とっくに昼休みになっているはずなのに、娘からは何も言ってこない。ウケたとも、可愛いねとも。じりじりと時は過ぎ、放課後になっても娘からのLＩＮＥは沈黙したまま。呆れかえっておるのか。ドン引きを通り越して、逆鱗に触れたか？

帰宅した娘に恐る恐る、チョウチョ、どうだった？　と尋ねたら、「ああうん、普通に美味しかった」とあっさり返された。普通ね。普通。しかしお怒りではないご様子。来週はタコさん、やってみますかね。

最後のセンター試験

調べてみたら、共通一次試験が始まったのは一九七九年。私、小六の一月だ。だから初回だったのだな、母が新聞を広げて「昨日の試験の問題が出てるわよ。挑戦してみれば？」と仕掛けてきたのは。負けず嫌いの私は、まんまと引っかかった。小さい時から読書が好きで、叔父の本棚の松本清張なんかに手を出していた小学生だったから、前半の読解問題は、結構できた。古文とか漢文のパートはからっきしダメだったけど。翌年中学生になってからは、英語の試験問題にも挑んでみた。さすがに全然できなかったのだが、この、全国の受験生と同じ試練に立ち向かうというのが面白くて、それから毎年国語と英語の試験に挑戦していた。そのくせ自分が高校三年になっても共通一次は受けなかったんですけどね。だって、理数系が散々なんですもの。

それから大人になって、共通一次がセンター試験になって、幾度かの中断はありつつもこの試みは続いている。もはや我が家では、年に一度新聞紙を広げて試験問題を解く私の姿は一月の風物詩となっているのである。今年なんか、朝起きたら既に新聞の「問題と解答」のページが抜き取られてテーブルに置いてあったもんね。かたじけない。

ここ数年は主に英語の問題に挑戦している。ていうか、一つ終えると精根尽き果てて国語の試験まで進めない。とほほ。でね、英語の答え合わせをしてみたらば、今年の得点は一七〇点でしたわよ。実際の受験生の全国平均、一一六点とかそこらだよ。ちょっと、すごくない？　でもちょっと不満。力落ちたなあ。数年前には一八六点、叩き出したことある。これ最高記録。

いや、ここで自分は英語ができるのだと自慢したいわけではないのだ。ただ、何ゆえにガツガツ受験勉強をしていた時代にとても手の届かなかった点数を取れるのか？特別な準備を何もせず、寝ぼけ眼で解き始めるのに？　そこには何か、日本の受験英語の落とし穴があるのではないかと思うのだ。

ひょんなことから我が家の子供たちはインターナショナルスクールに入れてしまった。だから私もそのうち英語がペラペラになっちゃうんだろうと期待していたのだが、結局いまだにちっとも喋れない。でも、聞くことにはだいぶ慣れたし、学校からのお知らせがすべて英語で来るから読むのは相当鍛えられた。そしてその内容、遠足や行事のお知らせ、近隣のセキュリティについて、保健の先生からインフルエンザの注意、お腹が痛いです、鼻水が出ています、解熱剤を飲ませます、なんていう具体的な英語は、私の中高六年間の英語の授業では一度もお目にかかったことのないようなものだった。だから自分で一つ一つ辞書を引いた。あるいは周りのバイリンガルにしつこく聞いた。そして我が子の健康と成績に関わる重要事項だから忘れない。その積み重ねの、一八六点ってわけ。

要は、日常生活に根ざした必要性と、「慣れ」ではないだろうか。形容詞とか過去完了とか仮定法とか難しいこと考えるより、バシャバシャ大量に浴びるべし。じゃ、ないかな。

問題を前にすると、面倒だなあ、と思うんだけど、いやここで放り出したら負けだ、自らの脳にカツを入れるのだ！　と毎年楽しみにしてきたセンター試験。本当になくなっちゃうのかなあ。ちょっと、いやかなり残念。

荒行堂のエグザイル

テレビドラマや映画の新しい作品の制作に入ると、出演者やスタッフみんなで「お祓い」を受けることがある。事故なく、一同健康で撮影ができるように、あわよくば作品がヒットしますようにと、大抵はスタジオに神主さんに来ていただいて、祈禱していただく。まあ、必ずやるわけでもないんだけど。たぶんプロデューサーの好みなんだろうな。先日出演した映画のスケジュール表にも、「お祓い」の日程、さらに「千葉」と場所まで明記してある。ちょっといつものと違うから、絶対感動するから行ったほうがいいよ、と強くオススメされて、感動するほどのお祓いとは？　と興味津々で千葉のお寺へ向かったのであった。

千葉に日蓮宗の大きなお寺があり、そこには全国で唯一の「荒行堂」がある。年に一度、十一月から百日間の荒行のため日本中からお坊さんがやってくる。今回の映画のプロデューサーの甥っ子さんが、こちらにこもっているそうなのだ。

まず面会室で、甥っ子さんに紹介されてご挨拶をし、説明を受ける。荒行中は睡眠は約三時間。起きている間は三時間おきに水をかぶり、ひたすらお経を読む。食事は朝夕二回、おかゆと具のないお味噌汁。百日で十キロ以上体重が減るそうだ。はじめの三十五日間は俗世の穢れを落とすため、外部の人とは接触できない。その期間が過ぎると面会や祈禱をすることができる。荒行中のお坊さんにしていただく祈禱は、とりわけ功徳があるらしい。甥っ子さんは二十代後半、でも華奢なせいかうんと若く見える。ハサミを入れてはいけないので伸び放題の髪と無精髭が、ちょっと夏の甲子園が終わった後の高校球児みたい。ふた月以上節制しているのですべての細胞が研ぎ澄まされたように活き活きとしている。肌ツヤも良くて、瞳がキラキラ。究極のファスティングだな〜。内臓も、きっとものすごくキレイだろうな。ここへ送り出してくれた住職である父と地元の檀家さんたちのため、しっかり修行したいんです、という真面目な言葉に感心しながら、いよいよ祈禱のためお堂へ歩みを進めるのである。

お堂の真ん中に固まって座る我々一行、三十人ほど。周りはぐるりと荒行僧さんたちに囲まれている。その数ざっと五十人。全員髪ぼーぼー、ヒゲぼーぼー。白い木綿の衣に裸足。その五十人が、一斉にお経を唱え始めるのだ。あらん限りの大声で。すごい速さと勢いで、ほとんどラップ。立て膝で、右手に持ったカスタネットみたいな仏具を振り回す。カッカッカッとリズムを刻む。僧衣の袂が翻る。響き渡るダミ声の大音量。トランス状態に導かれるような気さえする、バリ島のケチャみたいな感じ？いやこれはロックコンサートか、男たちが集団で歌い踊るエグザイルか。しかも彼ら全員が心身ともに究極にそぎ落とされた状態にあるから、波動がすごい。清々しく、強い。髪伸ばしかけの高校球児がものすごいイケメンに見えた。乙女だったら、惚れちゃうなあ。イエイ！　と拳を振り上げそうになるのを必死に抑えた私であった。

一つの目的のために心身を鍛錬しきった人が持つ力。大きな声が持つ力。大勢の唱和が持つ力。神様や仏様じゃなく、そこへ到達せんと願う人間たちの力だからこそ、心を鷲摑みにされたのではあるまいか。なんか、いい映画ができそうな気がするなあ。

私は子供が苦手なんです

「私は子供が嫌いです」と、その昔伊武雅刀さんが歌っていた。三人も産んでおいて何を言うかと思われそうだが、私も子供が嫌い、いや、苦手です。どうやら子供向けの態度が上手くとれない、気がする。なんでも褒めるというのが下手。わあすごい上手ねえ、かわいいねえ、と目尻を下げる代わりに、それさっきも言ったよ？　とか、キミ本当にそれ食べたいと思ってる？　とか、幼稚園ではその舌足らずな喋り方封印してるんでしょ？　とか指摘したくなっちゃう。もちろん愛らしい子供や面白い子供もいっぱいいるが、ほほう個性的だね、とかキミは賢いねえ、なんて褒め方しかできないのだ。

だから撮影現場にいる子役ちゃんにも緊張する。上手にお相手できなくて自己嫌悪に陥る。あまりにも可愛らしい良い子だと、「かわいいこども」を演じているのではないか？　背中のファスナー下げたらオヤジが入っているのではないか？　とか勘繰っちゃう。で、子供は動物と同じで、自分を嫌う相手をいち早く察するから、嫌われる。

娘が小さい頃、ママ友に聞いた話。テレビで再放送のドラマに、私が出ていた。一緒に見ていた息子に「ほらこの人、幼稚園のお友達のママだよ」と言ったら彼は答えた。「違うよ、あのママ、このテレビの人みたいに優しくないもん」。がーん。母子とも仲良しで、よく遊んでいるボクちゃんだったのに。そりゃあ私、ひいきや遠慮はかえって良くないと思って、よそのお子さんでもダメなことはダメ、ってきっちり言ってたけど。彼にとってはきっついオバさんだったのかあ。とほほ。

友人が四歳の息子を連れて遊びに来た。男の子って暴れるのかしら、という心配は杞憂で、彼はおしゃべりも上手だし、最近切り紙にハマっていると言うので折り紙とハサミを探してきてあげたら、おとなしく座って熱中している。友人がいかに彼を大切に、つきっきりで丁寧に育ててきたのかが良くわかる。彼のどんなひとことにも、きちんと対応する。ママたちお話し中だからちょっと静かにね、なんてあしらうことはない。素晴らしいなあ、と思っていたら彼女はしみじみと言った。「出産後仕事復帰して、しばらくは子育てと両立しようと頑張ったんだけど、やっぱり大変で。思い切って会社を辞めて家事と育児に専念したら、もうほ〜んとに楽しくて、こんな幸せがあったのかって、毎日うれしくて仕方がないの」。こんな女性がいたとは。まいりました。ちなみに彼女は今すぐトップモデルとして活躍できそうな華やかな超美人だ。おまけに性格も良くて、こんなに綺麗でこんなにクソ真面目だったら幸せになれないんじゃないだろうか、と私はちょっと心配していたのだ。好きなことが見つかって、本当に良かった。適材適所。こういう人こそが子育てをするべきなのだ。

四歳のボクちゃんの上手な「さようなら」を見送って、考えた。でも、子育てに向いてない私みたいな母ってのも、それはそれでアリなんじゃないかな。みんなが優秀なママじゃなくても、苦手、って言いながらじたばたする母親もいて、いろいろいるからいいんじゃないかな。多様性の自己中心的な解釈である、って、うちの娘たちには笑われそうだけど。

食わず嫌い

と、言っても、某人気番組の某人気コーナーの話じゃありません、あしからず。人間関係とか読む本の種類とか行ってみるお店とか、それから仕事に関しても、食わず嫌いを直してみようと思う今日この頃。

ファッション撮影やインタビュー取材をお受けするにあたり、どうしてもここだけは苦手で、と長いことお断りしていた雑誌があった。その雑誌が嫌いってわけじゃあないんだけど、ちょっとした因縁、というほどのものでもないんだけど、気になったことがあって。

あれはかれこれ十五年前、いやもうちょっと前だったかな。当時私は子育てに髪振り乱してメンタルも最悪であった。だってえ、二十四時間苦手なものに向き合ってたんだもん。ある時、たまたま、めったに足を踏み入れたことのないお洋服の展示会なる場に誘われて行ってみたら、二十代の頃何度かお世話になったことのある雑誌の編集長さんにばったりお会いした。それほど親しかったわけでもないから、その節はどうも、と簡単にご挨拶だけしたら別れ際に「ホナミちゃん、いくつになったの?」と聞かれた。別にそれは、いい。年齢くらい教えたる。三十代半ばで、今子育てで大変なんですよ、と答えた私に彼は言った。「ああ、それはいい。ちょうどうちの雑誌に出られるようになったね。今度声かけるよ」。っっっっっっっっはあ? ↑ここ、頑張ってこの感じで読んでみてくださいね。つまり絶句、というか、カチン、というか。

確かその頃、彼の雑誌はアラサー、アラフォーの働くおしゃれなママにスポットを当てて大変ヒットしていた。子どもの世話の合間にお洋服なんか見にきてるキミも、うちの雑誌に出してあげるよというわけか。ずいぶんな出演依頼じゃないか。こちとら出してくれって頼んじゃいないよ。

今思えば、彼には悪気はまったくなかったであろう。しかしその言葉は、世間の流行から取り残され、化粧の仕方も忘れた慢性睡眠不足の女を打ちのめすには十分だった。ふ〜んだ、どうか出てくださいって頭を下げられたって、ぜえったい出るもんか!

というわけで独りよがりに因縁を持ち続けていたその雑誌から、出演依頼があった。去年までだったら即お断りしていたのだが、ちょっと大人になった私は考えた。そういえばとっくの昔に編集長さんは交代している。そして現編集長である女性が新聞でなかなか骨太な発言をしているのを、私は気に入っていた。で、ちょっと考えさせていただきたいとお返事をしたら、素晴らしくきちんとした企画書が送られてきた。これだけの仕事をする人たちなら信じられる、そう思える内容だった。

取材当日、とても優秀な、とても丁寧なスタッフが集まってくださり、びっくりするほど順調に撮影ができた。どんなページにしてくれるのか、楽しみだな。食べてもみずにそっぽを向いていて、申し訳なかったな。油断したらこれからどんどん、脳もハートも頑なになっていく。世界がちっちゃくなっていく。眼を開いて、よく見て。匂いを嗅いで。触ってみて。疑問は口に出す。相手の言葉に耳を傾ける。必要なのはコミュニケーションだ。閉じたらそこで、自分の進化も止まる。

小さな種を手に入れた気分だ。タンポポかもしれないし、バオバブかもしれない。どっちも、いい。春だしね。

あの日のピクニック

そういえばここ数年は、あらたまってお花見をすることはなかったような気がする。飲み物や食べ物を用意して桜の下に大勢で集う、といったような。時間がないことを言い訳に、人出が多すぎることを理由に、車で通りがかりに眺めたり、あとはせいぜい、買い物の途中にコーヒーを買って公園のベンチで桜色を楽しむくらいだった。なのに花見を控えよ、宴会は控えよと言われると、我々には花見が必要なのよ！　と言いたくなる、日本人の性。それにしてもなぜ、花見にブルーシートなのだろう？　あの、情緒のかけらもないどぎつい青色は自然の花と幹と空の色を完全に殺す。日本にはゴザっていう素晴らしいものがあるんだから、もっと使えばいいのに。

それで思い出すのは、今までで一番素敵だった、アストリッドのピクニックだ。

彼女はうちの娘の幼稚園の同級生、エマちゃんのママで、合理的で生真面目な、ザ・ドイツ人という感じの女性だった。いつも穏やかで、大きな声なんて出したことがないというベジタリアンだった。ノーメイクで金髪で、地味だけれどいつも実に上質なセンスの良い装いをしていた。一度お家にお邪魔した時は驚いた。白木とステンレスと白い布で統一された家。子供部屋に、色が無い！　幼稚園児のベッドリネンも、真っ白。玩具は木製。エマちゃんのお洋服は白か生成りか紺。たまに淡いピンク。ドイツから遊びに来たおばあちゃまが、孫にディズニーの絵が付いたものを買ってあげたいけど、嫁が絶対に許さないのよ、と残念がっていた。実に厳格な、信念と美意識の塊のような人だった。

そのアストリッドから、エマの誕生会を新宿御苑でやります、とお知らせが来た。わあ、ピクニックね。持ち寄りだよね。でも、食べ物は全部こちらで用意するから持ってこないでね、と彼女は言う。じゃあせめて飲み物を持って行くわ、麦茶とかジュースとか、何がいい？　いいえ大丈夫、ぜひ手ぶらで来てちょうだい。

そして当日。広い新宿御苑で、アストリッド一家の居場所はすぐにわかった。だってていい感じに使い込んだコットンのラグが芝生に広げられていたから。ブルーシートなんてありえない。ランチはたっぷりのフルーツとチーズとナッツ、サラダに天然酵母のパン。ポットで持ってきたコーヒーと、ガラス瓶のジュースとミネラルウォーター。お皿は陶器でカトラリーも家で使っているステンレス、グラスだって割れにくい厚手のガラス製だ！　とにかくプラスチックは使いたくないんだな。ペットボトルの麦茶なんてもってのほかだったのだ。遠慮していたわけじゃあなくて、やんわりお断りされたのだった。

大人と子供と、総勢二十人分にもなろうかというこれらの物資を、「夫と駐車場から何往復もして運んだわ」とニコニコしている妻と、「彼女がやりたいって言うからね」と笑顔で手伝う夫（これがまたヒューゴボスのモデルみたいなイケメンなのよ）。この日のピクニックは映画のワンシーンのような美しいひと時であった。新宿が、北欧みたいだった。もう何年も会っていないけれど、時々彼女の美意識と、強さを思い出す。来年お花見ができるなら、ちょっと見習ってみようかな。

お弁当最後の日

それは感傷的で、儀式めいた日になるはずだった。お弁当最後の日。十九年の大団円。なのに。そいつはどさくさに紛れてスルスルと近づき、ポーンとドルフィンキックで後続を突き放し、誰も気がつかないうちに銀河の彼方へ去っていった。ある日私は気がついた。あれ？　お弁当、終わった？

思えば十九年前、まだ二歳の長女は週に何度か、近所のデイケアの半日クラスに行き始めた。ミニトマトみたいなちっちゃいおにぎりを持たせたものだった。それから幼稚園、小中高と、うちの三姉妹のためのお弁当作りが続いた。地方へ泊まりで撮影に行く時以外は、作ってた。寝坊したのは多分、一回だけだったと思う。スーパーへ行ったら三日先のお弁当のおかずまで計画して買い物してた。

料理は好きなほうだけれど、毎朝お弁当三個は結構、逃げ出したくなる。それでも続けた、続けられたのは、娘たちの食事を管理しているという自己満足のなせる業であろう。好きな男の胃袋をつかんじゃえばこっちのもん、っていうアレだ。娘たちの胃袋は自分が握ってる。彼女たちの身体は細胞の一個まで私が作ったものでできている。支配欲が満たされた喜び。母親の醍醐味ってやつ？

だから彼女たちが中学生くらいになって、友達とファストフードなんかに行き始めると心がざわついた。ああ、もう私の知らないもの食べてる。この子たちの爪も髪も、私が与えた食物ではないもので構成されてる。そして、お弁当作りが終わる時、娘たちの食生活が私の支配下から抜け出す時、それこそが子離れの時なのだろうと思っていた。その時自分は受け入れるのか、抵抗するのか？

お弁当が一つ減り二つ減り、最後の一年になった。そうだわ、記念に、と思って毎朝お弁当の写真を撮り始めた話は、『婦人公論』の林真理子さんとの対談でもご披露した通りである。真理子さんのお嬢さんは最後のお弁当の写真を撮って、感謝の言葉を添えたメールを送ってくれたそうだ。別に、うちの末娘にそれを期待してはいない。ただ最後は、どんなお弁当にしようかな、って楽しみにしていた。笑わせようか懐かしがらせようか、あえてあっさり何事もなく済ませようか。そして自分にお疲れ様を言おう。それだけだったのに。

三月上旬に学校が休みになり、そのまま春休みに突入し、四月になっても新学期は始まらず、五月いっぱいオンライン授業です、というお知らせが来た。娘の学校はちょっと独特なシステムで、五月の最後の週が卒業式だ。てことは。つまり。

あらら。終わってたんだわ、お弁当。スマホで撮りためた写真を見ると、最後は二月二十五日の鶏の照焼き弁当だ。これが十九年間の締めくくりになるなんて、思ってもいなかった寒い朝。子離れを惜しむ間も、まだ嫌だよお、とジタバタする間もなかった。しがみつくことも、センチメンタルに浸ることもできず。台所の戸棚を開けて、居並ぶお弁当箱に途方に暮れるのみである。

失くしもの

ついに失くした。何を？　リーディンググラス、いや、この期に及んで格好つけても仕方がない、ええい、老眼鏡だよ！

三本のメガネ（だから老眼鏡だよ！）のうち、一番軽くてケースも薄いのを外出用、百円ショップで買った、潰しても水没しても諦めがつくのをベッドサイド&お風呂用、そしてちょっとインテリっぽいデザインのをリビングルームのパソコンの横に置いていた、このインテリ黒縁君が見つからないではないか。チェックのケースはそこにあるのに。メガネ（ああはいはい、老眼鏡です）は必ず失くすから気をつけてね、って言われていたのになあ。

四十数年間、メガネに縁のない人生であった。視力はずっと1・5から2・0。どっちかっていうと遠視気味なくらいで、とにかくなんでも良く見えた。裸眼で新聞を読む時に、若い頃から両腕を伸ばしてうんと離すので、それ老眼の読み方じゃない？と笑い話になるくらいであった。うちの母と妹は、メガネなしの顔が想像できないくらいの筋金入りの近眼さんなので、あたしゃあ遺伝子をいただかなくてラッキー、と思っていた。常に道具を携帯していないと生活できないって、なんて不便なんだろう。友人が海外へ行った時スーツケースが届かなくて、数日間コンタクトレンズ無しで苦労した話なんて、ほんとお気の毒。

しかし。老眼は誰にでもしのび寄るのだ。むしろ、元の視力が良い人間には急接近してくる無法者。ある日、薬や調味料の箱の裏書が読めなくなって、はじめは何が起こったのかわからなかった。それからシャンプーの裏の素敵な効能が読めない。しっとりなのか、サラサラなのか？　キャンドルライトでメニューが読めない。本屋で立ち読みできない。決定的だったのは、原宿のヤングなブティックに行った時だ。学生時代の友人が「私たちに合うものなんてないと思うでしょ？　それがね、意外や意外、ハイブランドの流行をパクったものが、とっても安く上手にできてるの。ワンシーズンで履き潰しちゃう夏のサンダルとか、全然オッケーなんだよ」というので探検してみたのだ。確かに最新流行を巧みに取り入れた、それでいてチープに見えない靴や服が並んでいる。お店のお姉さんは皆とても若くてとても感じが良く親切で、買い物が楽しい。どうぞご試着なさってくださいね、と言われ、手に取った商品のタグを見て、私は打ちのめされた。読めない。サイズが。素材が。そして、値段が。ここにあるものを買う資格は無いと言われたようで、すごすごと店を後にした。帰り道に思った、老眼鏡を買おうと。

何事も意味があってのことだと前向きに捉える私は、老眼でさえもきっと人類に必要な機能なのだと思うことにしている。つまりさ、見えないものは、見なくていいものなんだよ。年をとったら、細かいことにとらわれていてはいけないのだよ。ゆったり、マクロな視点でね。大きな心で物事に対処していきましょうよ。拡大鏡でシミとかシワとか直視しちゃったら、辛くてやってらんないわよ。

そうそう、インテリ老眼鏡は翌日見つかりました。パソコンの後ろから。老眼鏡あるある、でしょ?

ハレの食卓

つまるところ食べることしか楽しみがなくなるのである。家にいなくちゃいけないなら、断捨離したり読書をしたり『スター・ウォーズ』の一気見したり、ガーデニングやワークアウトに燃える諸兄もいらっしゃるであろう、が、結局家族共通の興味は食だよね。命をつなぐため、健康的に空腹を満たしたいとだけ思うなら、納豆ご飯があれば良い。なのにああ、あれが食べたいこれを食べようよ、と常に美味と変化を求める。罪深き者、汝の名は舌である。他の生き物ならきっとこんなことはない。人間て贅沢で、貪欲だなあ。

我が家の場合、大学が休みになって数ヵ月ぶりに帰ってきた娘たちのリクエストに応えることから始まった。家のカレーが食べたい、唐揚げと餃子と、マカロニグラタンとナスの田楽と手巻き寿司。定番シリーズをひと通りクリアすると、世界のグルメシリーズが始まった。初っ端はなぜかメキシカン。挽き肉と豆を煮て、アボカドでサルサを作って、トウモロコシ粉でトルティーヤもちゃんと焼いた。「ピコ・デ・ガヨ」を作ろう！　って、誰かがトマトと玉ねぎを刻み始めてる。母の知らない料理をどこで覚えてきたんだか。これも子離れの一ページということになるんだろうなあ。と、ちょっぴり感慨に耽る。

パッタイと生春巻き、海南鶏飯の東南アジア大会もやったし、ギリシャ料理にも挑戦した。ひよこ豆のフムスとファラフェルとタブレとハルミチーズと……あ、ファラフェルはイスラエルだから、まあ中東・地中海ナイトだな。手打ちの生パスタとお買い得の生ハム切り落としでイタリアンディナー。クスクスロワイヤルっていう北アフリカ料理も作ったし、シェパーズパイはイギリスだ。

世界一周してさすがに食傷気味になって、今日はあっさりとうどんにしようか、と言ったところが、それなら人参とかかぼちゃとか天ぷらにしようよ、あとはむき海老があればかき揚げもできるじゃん、と盛り上がる。食への飽くなき探求。少しずつ残った材料で、週に一度くらいは冷蔵庫一掃メニューの日もある。焼うどんにキャロットラペに、キュウリの浅漬けに麻婆春雨にレモンチキンっていう支離滅裂な皿が並んで、まあ、居酒屋風ってことにしたりして。

十年以上前にほんの一ヵ月間ほど、マクロビオティックに挑戦したことがあったのだが、料理に時間がかかって大変だった。野菜は丸ごと使うから茎の間や根っこまで丁寧に洗わねばならないし、豆だってなんだって最初から自分で煮て準備する。一日の時間の大半をごはんのために費やすことになって、こりゃあやってられないわとギブアップしたのだったが、今まさに、その状態になっているではないか。「今夜なに食べる？」に向けて一日が動いてる。メニュー決めて、三日分の買い出しをして。なんだかずうっとごはんのことを考えてるなあ。

突然、非日常に放り込まれて、我々の食は今ハレの状態なのだと思う。しかしいつまでもハレが続けば疲弊する。いつかケになる時が来る。この暮らし方が当たり前の日常になるなんて、想像するとちょっと怖いけど。その時我々は、ケの食卓にいかに向き合うのか？　新しい日常を誠実に味わうことが、できるだろうか。

あとがき

一九七三年十月、第四次中東戦争をきっかけに原油価格が高騰し、日本経済も打撃を受けて高度成長期が終焉を迎えた。という大人の話は当時小学校一年生のわたしには知る由もない。ただトイレットペーパーが無くなるという噂が流れ、スーパーで買い占めるオバサンたちのニュース映像を見た気がするだけだ。だいたい小一の子供には「トイレットペーパーが買えない」ことの重大さだってわかりゃあしない。そんなことは大人たちの騒ぎ。ただ自分に影響があったと記憶しているのは、紙不足で、学校で使う原稿用紙も足りないらしいことだった。

毎週月曜日の一時間目は作文の時間だった。テーマは自由だったと思うが、わたしは決まって週末の出来事を書いていた。きっちりと時系列で、誰とどこへ行って何をして何を食べて、どんな事件が起きてどうやって帰ってきたか。おじいちゃんと自転車で六郷土手へ行きました、お父さんと羽田空港へ行って展望台で飛行機を見てクリームソーダを飲みました、家族みんなで動物園へ行って象とライオンとキリンを見て帰りに駅ビルで札幌ラーメンの味噌バターコーンを食べて不二家でチョコレートパフェを食べました。妹と喧嘩してお母さんに怒られて泣きました。そして最後は必ず「お家に帰って夕ご飯は○○を食べて寝ました。」と締めくくっていたらしい。母によると、担任の先生は「鈴木さんの作文を読むと献立の参考になるわ」とおっしゃっていたとか。

そしてわたしの筆は止まらなかった。だって思い返せば返すほどに、書きたいディテールが浮かんでくるんだもん。先生やクラスの友達に伝えたいというよりは、自分の備忘録のようなつもりで書いていたような気がする。作文の時間は、没頭した。作文なんてかったりーよ、なんて言って生意気ぶる男子たちを尻目にわたしは書いた。五枚、八枚、十枚……。

世間は紙不足である。「鈴木さん、作文が好きなのは良いのですが、ちょっと原稿用紙を使い過ぎる傾向が……」と母は冗談交じりに半ば真剣に先生から言われたそうだ（ま、例のごとく母が話を盛ってる可能性もあるが）。それでも、今日は三枚までですよ、なんて枚数を制限することなく自由に書かせてくださった。そのおかげで今の、「獅子座、A型、丙午。」があると言っても過言ではない。ありがとう先生。

書籍化にあたり読み返してみると、初めの頃は起承転結に気をつかい、しかも相当カッコつけている。いやいやお恥ずかしい。慣れるにしたがって、オチがなくてもいいや、ええい思ったまま書くぞ！　って勢いになっている。そして半分は怒っていて、半分はとほほな話だわね。うずまく感情を整理することで、書くことが自分にとっての精神安定剤のようになってきた。もやもやしたイメージを文章化するという作業は、本業の台本を読み込んで、エッセンスを抽出し、そのシーンで何を表現すべきかということを言葉にして確認するという過程に非常に助けになる。二週間に一度、千字の原稿を書くことは今やわたしにとって欠かせないメンテナンスの一部なのである。

わたしが書くものを面白がって、連載しませんかと声をかけてくださった婦人公論編集部の小林裕子さんと、いつも以心伝心なイラストを描いてくださる山本祐布子さんに、この場を借りてお礼を申し上げます。三人で作ってきた連載だと、思っています。それから様々なネタを提供してくれた家族と友人たちよ、ありがとう。多少のデフォルメは見逃してくれたまえ。そしてここまで読んでくださった皆様、ありがとうございました。女優の日常なんてこんなものですよ。あ、アタシだけか？

鈴木保奈美

二〇二〇年十月

『婦人公論』
二〇一七年四月下旬号〜
二〇二〇年五月下旬号連載

鈴木保奈美
（すずき・ほなみ）

1966年東京生まれ、1986年女優デビュー。おもにTVドラマ、映画を中心に活動。20代の頃からファッション誌などでポツポツとエッセイの執筆を始める。本書が初の書籍化となる。

獅子座《ししざ》、A型《がた》、丙午《ひのえうま》。

2020年12月10日　初版発行

著　者　鈴木保奈美《すずきほなみ》

発行者　松田陽三

発行所　中央公論新社

〒100-8152　東京都千代田区大手町1-7-1
電話　販売 03-5299-1730　編集 03-5299-1740
URL http://www.chuko.co.jp/

DTP　今井明子
印　刷　図書印刷
製　本　大口製本印刷

Published by CHUOKORON-SHINSHA, INC.
Printed in Japan　ISBN978-4-12-005360-3 C0095